삐딱한 성장 결혼 바로 세우기

삐딱한 성장 결혼 바로 세우기

김 여 환 지음

모든 인생의 **성장**과 **회복**을 말하다

건강하게 나를 **사랑**하자!

내안의 **들보** 바라보기

너? No **나! 자신**부터 알아봅시다!

圖書出版 하나醫學社

들어가는 말

이 책은 인간의 정신 성장과 회복에 대한 고민으로 시작되었다. 우리 자녀들에게 미리 전해주고 싶은 미래 삶의 이야기로 미혼 자녀로부터 결혼생활을 하고 있는 부부와 이혼, 재혼부부, 심리적 이혼과 졸혼을 꿈꾸며 살아가고 있는 부부, 성숙한 인격의 성화로 나아가고 싶은 모든 이들에게 필요한 자기 성장과 회복의 길을 안내하고 싶었다. 누구나 인생이 행복하기를 원한다. 결혼의 환상은 행복의 문을 열고 들어가지만 내면에 쌓인 악의 상처는 이혼의 문을 열어준다. 배우자는 자신의 거울로 대상을 탓하며 이혼을 하지만 그것은 자기혐오이며 스스로를 볼 수 있는 눈을 뜨지 못한 것으로 그 이면에는 정신 성장을 비롯한 내면에 쌓인 심리적 요인들이 작용한다. 가정을 바로 세우기 위해서는 삐딱한 나를 바로 세워가는 노력 속에서 가정은 재탄생되는 것으로 가정 행복은 자기성장은 물론 부부의 성장으로 나아갈 때 가능해진다. 가정환경은 중요하다. 인간 개인의 성장은 환경의 영향을 받기 때문에 어떠한 가정에서 어떻게 자라났는가에 따라서 자아의 역량은 달라질 수 있다. 부모로부터 물려받는 무의식적인 것들이 자녀의 인생을 만들어가는 받침이 되기 때문이다.

인생은 누구나 피해자이면서 가해자다. 부모를 원망할 것도 없는 것이 그 부모 위에 또 부모가 있었기 때문이다. 지금 여기서부터 대물림해주는 것들을 끊어 주면 되는 것으로 정신 분석을 통하여 자신의 실체를 들여다보며 자기를 알아가 보자. 지난날 아파했던 자신을 위로 하고 감싸주며 성장의 고착지점으로 들어가 치료해 나아갈 때 세상은 새로워지는 것이다. 자아 건강에 따라 배우자는 달라진다. 자기성장에 따라 대상을 보는 안목이 다를 뿐만 아니라 관계 역동에 있어서 민감한 사항들이 되기 때문이다. 성장의 결여는 법과 질서를 따르는 사회윤리적인 규범을 무너뜨린다. 이혼은 한 개인의 문제만은 아닌 가정과 사회적인 인류의 문제로 이기주의적인 시대를 살아가는 대담성에서 시작되지만 그 배후에는 원가족이 있었다는 것을 잊지 말아야 하며 사회적인 악 영향들이 뒷받침하고 있었다는 사실을 인정해야만 한다. 무너지는 경제와 추락해가는 교육의 부재로 인하여 개인을 주체적인 인간으로 성장시켜 나아가는데 국가는 책임을 다 할 수 없었던 것으로 어려움을 겪고 있으며 사회적인 문제로 확산되어 사회와 개인 간의 악순환은 반복된다.

이 시대는 이제 정신 성장을 고민하며 나아가야만 할 때이다. 나를 알고 너를 이해하고 사회를 바라볼 때 함께 갈 수 있는 아름다운 미래를 만들어 갈 수 있기 때문이다. 이혼은 두 사람 뿐만 아니라 자라나는 아이들에게 커다란 상처와 아픔을 주지만 두 사람의 성장은 가족과 사회의 안녕을 이루며 나아가도록 한다. 우리의 자녀들이 결혼을 잘 했으면 좋겠다. 자기를 아는 만큼 배우자를 이해할 수 있기 때문에 분석을 통하여 마음의 무거운 짐을 내려놓고 진리를 향한 걸음을 서로 응원 하며 살아갈 수 있어야 한다. 인간이 끊임없이 찾는 무의식의 대상은 엄마다. 사랑의 갈증은 또 다른 누군가로 나를 채우고자 결혼은 시작되고, 감당할 수 없는 내면의 상처 때문에 이혼으로 결론짓지만 다시 한 번 고민하며 돌아보면 문제는 바깥에 있었던 것이 아니고 자기 자신에게 있다는 것을 인식하게 된다. 이제 더 이상 악에게 속는 고통 속으로 들어가지 말고 과거를 재해석 하며 현재와 미래를 바꿔 나가는 지혜가 필요하다. 정신은 인간을 이끌어가는 원동력으로 마음먹기에 따라 행복과 불행을 만들어갈 수 있기 때문이다.

건강한 자아는 자신의 인생을 함부로 수놓지 않으며 남의 인생도 자기 자신처럼 아끼며 함께 더불어 살아간다. 결혼을 통한 이혼과 재혼은 아픔의 세월만큼 성장의 기회가 될 수 있다. 개인의 성장을 위하여 분석과 이해의 과정을 넘어서 더 나은 삶의 역사를 창조할 수 있기 때문이다. 이 책이 나오기까지 많은 사람들의 도움이 있었다. 목회현장에서 만났던 사람들과 상담실에서 만났던 내담자들의 고백 속에서 연구가 시작되었기 때문이다. 그분들에게 진심으로 고마움을 전하며 가족들과 동료들에게 고마움을 전한다.

동탄가정심리상담소 연구실에서 **김 여 환**

목 차

들어가는 말 ······ 5

Ⅰ. 만남: 최초 대상의 중요성 ······ 13

1. 최초의 대상 나의 엄마: 참 좋은 어머니를 만나는 축복 ······ 15
   1) 첫 만남과 경험의 중요성 ······ 16
   2) 믿음과 신뢰를 쌓은 초석 ······ 17
2. 오이디푸스기의 필요한 좌절: 외상이 되지 않는 적절한 좌절 ······ 21
   1) 근친상간의 심리적 고리 ······ 22
   2) 좌절을 겪는 아픔속의 성장 ······ 24
3. 대상들과의 만남: 세상을 향해 나아가야 한다 ······ 27
   1) 의존에서 벗어나기 ······ 27
   2) 세상으로 나아가는 자신감 ······ 30
4. 욕망의 나래: 진정 원하는 것은 무엇일까? ······ 33
   1) 질풍노도(疾風怒濤)의 시기 ······ 34
   2) 고통속의 혼돈 ······ 35
5. 이상과 가치를 향한 삶: 본능을 넘어서는 목적의 삶 ······ 39
   1) 자녀 인생에 손대지 말기 ······ 40
   2) 내 안의 핵자기 실현 ······ 42

Ⅱ. 결혼: 무의식이 찾은 내 배우자 ······ 45

1. 내안의 익숙한 선택: 무의식과 관련되어 있는 내 배우자 ······ 47
   1) 무의식 안의 내 역사 ······ 48
   2) 결여와 결여의 만남 ······ 50

2. 환상과 현실: 꿈은 사라지고 현실만 남는다 …… 53
1) 구원자 신드롬(messiah syndrome) …… 54
2) 어머니 같은 배우자는 없다 …… 56
3. 분화하며 겪는 아픔: 주체로 나가는 성장의 시작 …… 59
1) 나의 어머니 내려놓기 …… 60
2) 사랑하는 배우자와의 분화 …… 62
4. 받아들임과 회피: 고뇌의 열매와 부정감정 묶임의 방출 …… 65
1) 마주하고 싶지 않은 원수 …… 66
2) 고통을 견디는 승화 …… 67
5. 언어와 몸의 대화: 부부를 이어주는 두 줄기 …… 71
1) 육체(肉體)를 통한 섹스의 오르가즘(orgasm) …… 71
2) 언어(言語)를 통한 대화의 환희(歡喜) …… 74

Ⅲ. 이혼: 나의 한계는 여기까지 …… 77

1. 실망과 절망: 만족을 모르면 절망만 가슴에 안는다 …… 79
1) 만족이 없는 행복 …… 80
2) 희망이 없는 절망 …… 82
2. 탓, 너 때문이야: 자유에는 책임이 따르게 된다 …… 85
1) 내 선택을 인정하고 …… 86
2) 자유에 따르는 책임감 …… 88
3. 욕망의 갈등: 무의식적 갈등과 현실과의 괴리감 …… 91
1) 흩어지는 대상놀음 …… 92
2) 에너지를 모아주는 채널 …… 93
4. 분노와 증오의 폭발: 엉켜진 갈등의 말이 주는 상처 …… 97
1) 쌓아놓은 억압의 분출 …… 98
2) 남는 것이 없는 방출 …… 100
5. 힘없는 회피의 결론: 힘든 것을 피하고 싶어 찾은 선택 …… 103
1) 지옥을 벗어나고 싶어! …… 103
2) 피하는 결론의 반복 …… 105

Ⅳ. 재혼: 다시 만회(挽回)하고 싶은 내 인생 109

1. 원가족 회복의 꿈: 다시 찾고 싶은 무의식적 욕망 111
   1) 혼자 살 수 없는 인생길 111
   2) 다시 한 번 찾고 싶은 에덴동산 114
2. 꿈과 현실의 갈등: 더 큰 갈등으로 고갈되어가는 자아 117
   1) 배우자를 구원자로 기대하지 말자 118
   2) 고갈되어가는 자아 119
3. 얽혀진 넝쿨 몇 가정: 전 배우자와 현재의 가정은 얽혀 있다 123
   1) 나와 내 아이 124
   2) 우리와 우리아이 126
4. 받아들임과 인정: 서로를 긍휼이 여기는 마음 129
   1) 서로의 상처를 안아줘야 130
   2) 신뢰와 믿음 쌓아가기 132
5. 녹아내린 상처: 고통이 녹아 아물어 간다 135
   1) 고통(Agony)의 터널을 지난 성숙 136
   2) 인생이란 이런 것 137

Ⅴ. 회복(recovery): 변화를 통한 성장 141

1. 자기 분석을 받자: "너 자신을 알라!" 143
   1) 억압된 감정의 정화 144
   2) 정신에너지 구조 세우기 146
2. 나와 대상을 이해: 나를 알아 가면 대상을 이해한다 149
   1) 내 안의 들보 남의 눈의 티 150
   2) 상처의 치유와 관계 회복 152
3. 든든한 보상구조: 정체성을 획득한 활동 155
   1) 욕망(慾望) 바라보기 156
   2) 자아 욕구의 실현 157
4. 함께 꽃피우는 사회공동체: 아름다운 합력이 이루어 내는 선(善) 161
   1) 법과 질서에 순응한 삶 162
   2) 인격 성숙에 따르는 고통 163

5. 자기 부인으로 가는 성화 과정: 내가 죽어야 산다 ··························· 167
1) 소명을 붙잡고 가는 삶 ··168
2) 성화의 원동력 희망 ··170

저자 후기 ··173
참고문헌··175

Ⅰ. 만남

최초 대상의 중요성

인간사 모든 일들은 만남으로부터 시작된다. 한 인생의 역사는 어떤 부모를 만나느냐에 따라 좌우되기 때문에 부모의 영향력을 인정할 수밖에 없다. 자녀는 부모를 모방하고 답습하며 심리적 구조를 세워 간다. 함께 살아가면서 흡수되는 정신적 흐름은 거부 할 수 없는 것으로 부모의 신념이나 행동패턴이 자녀에게 전이 된다는 사실을 다시 한 번 생각해 볼 필요가 있다. 나는 내 자녀에게 어떤 부모가 되기 위해 노력하며 살아가고 있는지 깊은 고민 속에서 부모의 역할은 가능해 진다. 세월의 흐름 속에 준비 없이 부모가 되어 있는 육아는 아기도 어머니도 감당할 수 없는 스트레스와 긴장이 쌓여 축복 속에서 자라가야 하는 생이 부담스러운 존재로 시작되어 갈 수 있다. 아기에게 있어서 첫 만남이 중요한 것은 경험으로부터 만들어지는 첫 구조이기 때문이며 따라서 엄마와의 편안한 관계는 편안한 미래를 열어가는 기초가 된다.

1. 최초의 대상 나의 엄마

참 좋은 어머니를 만나는 축복

정신분석가 위니캇(Winnicott)은 충분히 좋은 어머니(Good enough mother)의 중요성을 말한다. 어머니는 아기가 세상에 태어나 만나는 최초의 대상으로 아기에게 있어서 세상에 대한 신뢰는 여기서부터 시작된다. 아기의 모든 필요에 즉각적으로 반응하며 채워 줄 수 있는 어머니가 곁에 있어 줄 때 아기는 심리·정서적으로 안정되게 자라갈수 있다. 인간에게 있어서 첫 경험이 중요한 것은 그 경험들이 모두 고스란히 기억의 창고에 저장되기 때문이며, 그것이 바탕이 되어 대상들에 대한 신뢰와 불신이 형성되므로 인생 초기에 좋은 경험을 많이 하는 것은 한 인생에 있어서 커다란 자원이 된다.

1) 첫 만남과 경험의 중요성

세상에 태어나는 순간 아기와 엄마의 이자관계는 시작되고 엄마와의 관계행동 패턴은 미래의 삶을 만들어간다. 인간의 모든 경험이 기억 속에서 사라진다하지만 우리의 몸은 모든 것들을 저장해 두고 있다가 때가 되면 증상으로 나타낸다. 부모로부터 일관성 있는 관심과 사랑을 받지 못한 아이는 사회에 나와서도 주변 사람들로부터 관심과 인정에 목말라 하며 어려운 상황이 되면 문제를 극복하고 해결하며 나아가려 하기 보다는 쉽게 포기하는 선택을 하게 되는 경우가 많아진다. 반면에 자신의 행동과 관계없이 일관적인 사랑을 받으며 자란 아이는 그 경험이 바탕이 되어 일생이 사랑을 받고 나누는 풍요로운 구조로 만들어진다. 첫 경험이 중요한 것은 그 구조가 반복되기 때문이다. 긍정경험은 좋은 기억으로 남게 되지만, 부정경험은 나쁜 기억들로 자리 잡게 된다. 엄마와 좋은 경험을 많이 했으면 대상들과의 관계도 좋고, 엄마와 불편경험을 많이 했으면 대상관계도 불편한 일들이 많아지는 구조가 생긴다. 무엇인가 습관이 되어 구조화된 것은 쉽게 바꿀 수가 없다. 좋은 구조를 잡기위한 노력보다 훨씬 더한 고통을 겪어야 나쁜 구조를 바꿀 수 있기 때문이다.

프로이트(Sigmund Freud)는 인간의 심리성적 발달이론으로 구강기, 항문기, 남근기, 잠재기, 성기기를 말한다. 구강기(0~1.5세)는 입을 통해 탐색하는 시기로 모든 것을 다 입으로 가져간다. 자신의 욕구를 채우기 위한 것으로 이때 고착은 후에 지나친 음주나 흡연으로 나타날 수 있다. 항문기(1~3세)는 배변이 중요한 시기로 이 때에는 너무 민감하지 않고 혼내지 않는 엄마의 태도가 아이에게 좋은 영향을 준다.

너무 깔끔한 엄마로 인해 편안한 배변을 경험하지 못할 경우 훗날 결벽증이나 성도착증이 나타날 수 있다. 남근기(4~6세)는 성기에 집중하는 시기로 부모에게 성욕을 느끼게 되며 그와 관련된 환상적인 생각들이 억압된다면 관음증 노출증으로 이어질 수 있다. 부모에게 대결하다 굴복한 잠재기(6~12세)는 승화되어 친구간의 우정으로 전환시 성적인 수면 상태로 들어가며 성기기(13~20세 이후)에 접어들면서 사춘기는 시작되고 다양한 활동들을 통하여 성적인 에너지가 조절된다. 이 단계에 고착되지 않으면 정상적인 이성 관계를 유지할 수 있게 된다.

발달 단계에 있어서 중요한 시작은 구강기로, 이 시기에 채워지지 않는 갈증은 성장으로 나아가지 못하고 고착되는 문제를 낳아 성인이 되어서도 자신만의 욕구를 채우기 위한 이기적인 모습으로 살아가게 된다. 이는 심리적으로 대상을 생각할 수 있는 여유가 없으며, 대상의 필요가 보이지 않아 자기 욕구를 채우는데 급급해 있기 때문이다. 결핍된 과거의 채울 수 없었던 허기가 자리하고 있기 때문에 늘 허전함이 따라다니므로 성장과정에서는 물론 사회생활이나 부부관계에서도 무의식적으로 자신의 욕구만을 채우고자 하는 어린아이 같은 모습이 나타난다. 대상관계는 주고받고 나누는 사랑 속에서 지속되는 것으로 자신으로부터 나오는 사랑이 없으면 대상도 주던 사랑을 거두어간다.

2) 믿음과 신뢰를 쌓은 초석

연약한 인간에게 있어서 최초의 대상은 세상을 살아가면서 마주할 미래의 모든 것들에 대한 원천으로 작용하게 된다. 프로이트의 5살 때까지의 구조가 평생을 반복한다는 연구는 생리학의 기초가 된다. 이는 아이가 5살 될 때까지 부모와 나누었던 정서적인 교류가 훗날 대상관계에 지대한 영향을 미친다는 것을 말해준다. 애너마리아 리주토는 「살아있는 신의 탄생」에서 부모와의 관계가 신의 표상에도 영향을 준다고 했다. 부모로부터 사랑을 충만히 받으며 양육된 아기에게 있어서의 대상표상은 신은 늘 나와 함께 하는 분이기 때문에 세상을 의심없이 살아가게 되지만, 상처 많은 아이에게 부모는 믿을 수 없는 존재이듯이 신 표상 또한 의심스러운 존재가 된다. 모든 대상관계는 믿음과 신뢰를 바탕으로 이루어진다. 기초가 튼튼할 때 건물의 무게를 견딜 수 있듯이 인간에게 있어서 유아기의 기초는 삶의 기반이 된다. 믿을만한 부모로부터 신뢰가 쌓인 유아는 자신감 있게 세상으로 나아갈 수 있으나 그렇지 못할 경우 엄마와 잠시 떨어지는 것도 두려워하는 불안을 겪게 된다.

아기에게 있어서 1차 분리는 엄마와의 탯줄을 끊는 육체적 분리이고, 2차 분리는 심리적으로 융합되었던 것을 끊고 대상을 향해 나아가는 것이다. 함께 지내는 공생은 아기를 든든하게 지켜주고 심리·정서적으로 안정되게 자랄 수 있는 토대가 되고 적당한 시기가 되어 분화할 때 주체로 성장해 나가도록 돕는다. 모든 것에는 다 때가 있듯이 양육도 때가 있다. 어린 시절, 꼭 필요한 양육을 받으며 성장해 나가야 할 시기를 놓쳐 버리면 다시 돌아갈 수 있는 것이 아니기 때문에 복잡해진 심리구조의 재구조화를 위해 많은 시간이 할애 되어야만 한다. 바쁜 일상을 살아가는 부모의 부재로 그 빈자리가 늘 허기진 자아는, 부모의 자리를 메워줄 제2, 제3의 대상을 만나 만족스러운 관계를 배워야 하고 그때야 비로소 세상을 믿을만 하고 아름다운 곳이라 느끼게 된다. 축복 속에서 자라가야 할 한 인생은, 부모가 기초가 되는 아이의 자아에서 시작되는 것이다.

A씨 사례: "보고 싶지 않아요. 엄마 얼굴도 잘 생각나지 않지만 어린애를 어떻게 버리고 갈 수 있었는지 만난다고 해도 또 버리고 갈 것 같아서 신뢰가 없어요. 할머니는 엄마가 찾아 왔었다고 했지만 믿을 수가 없어요. 버려진 아이였다는 생각은 변함이 없고 그런 생각이 들 때마다 너무 힘이 들어요."

A씨의 어린 시절은 불운했다. 알코올 중독으로 폭력적인 아버지를 견디지 못한 어머니는 집을 나갔으며 그 때문에 친 할머니가 들어와 A씨를 양육했다. 집안 역동은 할머니와 아버지 사이 또한 좋지 않아 가정은 늘 시끄러웠으며 복잡한 긴장이 따르는 생활 속에서 자라왔다. 통제가 심했던 할머니의 보살핌은 A씨를 많은 억압 속으로 밀어 넣었고 심약한 자아는 세상을 두려워하며 적응해 가는 긴장이 따랐다. A씨는 불안한 마음과 함께 어머니가 그리웠으나 또 다시 상처받고 싶지 않은 마음은 차라리 만나지 않는 것이 나을 것 같다는 생각을 하고 있는 것이었다. 내면에 깊이 뿌리내린 "버려진 아이"였다는 단어는 감당할 수 없는 정신적인 어려움들과 함께 여러 증상을 가져왔다. 분석가는 내담자에게 뿌리 내려진 "버려진 아이"라는 단어를 뽑아내고 어머니를 이해하기 까지 많은 세월이 필요 했으나 아쉬움이 남는 것은 어쩔 수 없다. 초기 모성 신뢰는 대상관계에 큰 영향을 준다. 배우자를 만나고 살아가는데 있어서도 내면화된 모성신뢰 구조는 계속해서 그 영향력을 행사하여 불편한 관계를 지속할 수 있기 때문이다. 심리치료를 통하여 새로운 구조를 만들기까지 A씨는 과거를 이해하며 현재와 미래를 다

시 만드는 수고와 노력을 아끼지 않았다.

어린 시절 엄마와의 사랑 놀음 속에서 받는 총애는 아이 인생을 좌우하는 커다란 양분으로 작용한다. 할머니의 사랑은 안 된다는 것이 아니라 아이가 찾고 있는 엄마가 없는 것이 문제였던 것으로 늘 빈 공간에 남아있는 그리움을 채우기란 쉽지 않았을 것이다. 아이에게 있어서 부모의 존재는 그 아이의 전부다. 그곳에서 과대자기와 전능감이 자라나고 세상을 향해 전진할 수 있는 힘이 생겨난다. 믿음과 신뢰를 쌓는 초석은 최초의 대상 어머니로부터 시작되고 건강한 자아로의 성장은 세상을 신뢰하고 마주하며 자기 세계를 열어가는 것이다. 불안의 작용은 분리를 두려워 하지만 때가 되면 어머니를 내려놓아야 한다. 품안에서 떠나고 싶지 않은 심리적인 융합은 넓은 세상으로 나아가는데 있어서 방해물이 된다. 어머니라는 존재는 모든 사람들의 가슴 속에서 늘 작용하므로 완전한 분리는 있을 수 없으나 보고 싶을 때 언제든 와서 볼 수 있는 어머니에 대한 믿음과 신뢰가 있을 때 분리는 가능해진다.

2. 오이디푸스기의 필요한 좌절

외상이 되지 않는 적절한 좌절

프로이트의 연구에 의하면 약3~6세 아이들은 남근기(Phallic stage) 혹은 오이디푸스기에 들어간다. 남근기는 법과 질서를 배워나가는 중요한 시기다. 구강기적인 욕구 충족을 넘어 항문기의 배설물들을 쏟아내고 나면 남근기에 진입하는 것으로, 하나하나의 성장과정을 넘어가며 키가 자라가듯 정신도 함께 자라야만 한다. 이 시기는 성에 대해 호기심이 생기며 남성과 여성의 차이를 학습하게 되는데 이 시기를 건강하게 넘어가지 못하면 남성은 오이디푸스 콤플렉스, 여성은 엘렉트라 콤플렉스를 경험하게 된다. 이성 부모를 차지하려던 태도에서 경쟁자로 여긴 동성 부모를 동일시하게 되는 것으로 콤플렉스를 해결해 나가고 이러한 과정을 거쳐서 도덕적으로 성장하고 초자아가 발달된 인간으로 거듭난다.

1) 근친상간의 심리적 고리

그리스신화는 근친상간에 대한 인간의 비극을 말하고 있다. 감추고 싶은 인간의 원시적 욕망을 언급한 것으로 근친상간은 터부(taboo)다. 3~6세가 되면 아이는 자신의 성기에 호기심과 관심을 갖기 시작한다. 이때 아이는 아버지를 경쟁자로 생각하며 첫 번째 사랑대상인 엄마를 독차지하려는 무의식적인 전쟁을 벌인다. 달콤한 환상 속에 빠져 엄마를 안고 입맞춤 하며 "엄마하고 결혼할거야"라고 말한다. 엄마와 아빠를 떼어 놓으려하고 엄마 곁에 있는 아빠를 방에서 내 몰기도 한다. 이는 엄마를 독차지 하고 싶은 무의식적 욕망을 표현하고 있는 것으로 어느 가정에서나 쉽게 볼 수 있을 만큼 많은 가정에서 겪는 일중의 하나다. 이를 좀 더 관찰하며 연구했던 프로이트는 근친상간의 위험성을 알게 되었다. 아이가 원하는 것을 모두 허락해야만 하는 것인지 다시 한 번 생각해봐야만 할 중요한 시점으로 일생의 중요한 틀을 세워주는 기초가 여기서부터 시작된다.

역기능 가정 속에서 근친상간은 더 심하게 발생된다. 부부 역동이 좋지 않으므로 아빠는 딸을 엄마는 아들을 붙잡게 되는 심리적 현상이 생겨나기 때문이다. 부족한 리비도를 자녀로부터 끌어당겨 채우고자 하는 부모의 무의식적인 욕망으로, 의식에서는 전혀 알아차리지 못하고 있는 일들이기 때문에 자녀사랑에 빠진 부모에게 이러한 상황을 인식해야만 한다는 주문은 쉽지 않다. 많은 부부들이 아이를 부부사이에서 재운다거나, 모두 함께 잔다거나, 아빠가 다른 방으로 나가서 자는 형태가 벌어진다. 이는 심리적으로는 아들에게 아내를 내주고 나가는 것과 같은 문제가 발생되며 그러한 생활 자체가 근친상간의 고리를 만들어 간다는 사실을 받아들여야 한다. 아버지는 어머니의 배우자이며 어머니는 아버지의 배우자인 것으로 육체는 물론 심리적인 부분까지도 명확하게 인식되어질 때 자녀는 무리 없이 세상으로 눈길을 돌릴 수 있게 된다.

어머니를 차지했던 아이는 가정에서 이미 질서를 어겼던 것과 마찬가지로 사회생활 속에서도 무의식적으로 질서를 따르지 않고 거스르며 변명과 이유를 대는 방어 구조를 세우게 된다. 질서를 따라야만 하는 공동체의 생활 속에서 얼핏 보면 타당한 주장을 하며 당당히 자신의 목소리를 내는 듯 보이지만 사실은 수직구조를 받아들이는 것에 대한 어려움을 호소하는 것이다. 쉽게 질서를 무너뜨릴 수 없는 조직 체계 속에서 개인은 희생양이 될 수밖에 없으므로 억울한 감정을 가슴에 안고 비운의 주인공으로 살아가게 된다. 상사와의 문제, 동료들 간의 문제를 끊임없이 만들며 힘든 세상을 살아야 하는 미래를 볼 때 안타까운 일들의 발생은 당연한 것이 되며 힘든 인생길이 펼쳐질 것을 예상하지 않을 수 없다. 순종이 제사보다 낫다는 말이 있듯이 가정과 사회질서는 순종하므로 안정과 평화가 임하게 되는 것이다.

B씨의 사례: "아내가 옆방에서 장인어른과 같이 얘기하며 지내는 것이 남녀가 섹스하며 재미있게 지내는 것처럼 느껴져서 엄청 약 올라요. 그런 거 안 당해 보셔서 잘 모르실거에요."

B씨 부부는 양쪽 모두가 원가족과의 융합가정이었다. 부모와의 융합은 부부의 융합으로 이어져, 불편한 관계로 인한 지속적인 싸움이 끊

이지 않는 상태에서 부부상담을 하게 되었다. 육아부담으로 힘들어하는 아내를 위해 장인 장모가 수시로 들락거리는 것에 대하여 B씨는 불만이 많았으며 시간이 흐름에 따라 점점 부부갈등으로 이어졌던 것이다. 결혼후에도 부모님과 함께 지내는 것이 습관이 되어갔던 아내는 남편을 돌아보지 못했고 B씨는 그로 인하여 가족들 속에서 고독을 느끼며 외롭게 지내게 되었다. 어느 날 퇴근 하고 돌아온 B씨는 아내와 장인어른이 나누는 대화를 들으며 마치 남녀가 섹스를 하는 것처럼 들려왔다고 토로하며 분노했다. 어린 시절부터 금이야 옥이야 어여삐 키워온 딸이 얼마나 귀하고 예뻤을까 상상이 되지만 분화하고 내려놓지 못한 딸의 결혼생활은 문제가 된다. 아빠 같은 남편은 없기 때문에 남편에게 무의식적으로 아빠를 원하고 있어 부부 생활의 만족도는 떨어지게 된다. B씨는 아내와 함께 다정다감하게 보내고 싶었다. 그러나 부모로부터 “보고 자란 것이 없으므로 어떻게 해야 되는 것인지 잘 모르겠어요”라며 마음 아파하는 B씨를 본다.

2) 좌절을 겪는 아픔속의 성장

인간은 누구나 출생 후 성장과정 속에서 오이디푸스기를 맞이하게 된다. 어머니와의 이자관계를 넘어 아버지를 인식하는 삼자관계로 성장해 나아가는데 있어 부모의 관심과 사랑을 듬뿍 받으며 자란다는 것은 아이에게 커다란 축복이다. 어머니로부터 충분한 사랑과 총애를 받으며 자라나는 아이는 자신감이 충만하고, 자존감 높은 아이로 자랄 수 있지만 마음의 법을 세워야할 시기에는 심리적 구조를 든든하게 세워줄 아버지의 근엄한 사랑도 필요로 한다. 아이에게 상처가 되지 않는 한도 내에서 적당하면서도 단호한 거절의 눈빛이 필요한 것이다.

"엄마는 내 아내란다. 너는 네 방으로 가서 자야겠지?"라며 한 가정의 질서를 잡아가야만 한다. 이때 아이는 좌절을 경험하게 된다. 울기도 하고, 떼를 쓰며 덤비기도 하겠지만 상처 주지 않는 사랑의 거절을 통하여 아이는 질서를 따르고 받아들이게 되는 것이다. 이는 아이가 태어나서 법을 따르는 경험을 하는 것으로 순종하는 것을 배우게 된다.

좌절을 겪어본 사람은 순응을 배워나가게 된다. 자기 위치와 능력을 인정하고 자신의 삶을 지혜롭게 헤쳐 나가게 되는 것이다. 가정은 사회로 나오기 전의 공동체 생활로서 작은 집단이지만 이곳에서 훈련받지 못하면 사회에 나와 적응의 어려움을 겪으며 부적응자로 남게 된다. 남근기를 잘 넘어가는 아이에게는 가정에서부터 위계질서를 잘 지키며 사회 공동체 속에서도, 친구들과의 관계 속에서도 양보 할 줄 아는 편안함이 있다. 좌절 자체는 힘이 든다. 만족이 안 되는 것이기 때문이다. 하지만 내 것이 아닌 것을 탐하면 안 된다는 것을 알게 되는 것이고, 내가 힘이 들어도 내려놔야 될 것들은 포기할 줄 알아야만 한다. 인생을 살아가면서 내려놓지 못하고 포기하지 못해서 문제가 되는 경우가 많다. 절제하고 정제되지 않는 욕망은 죄와 사망을 불러오게 된다. 열심히 바벨탑을 쌓고 무너뜨리는 처참한 결과를 맞게 되기 때문이다. 순리대로 살아가는 인생을 배워야 한다. 모든 문제의 원인이 이곳에 있음을 우리는 인식해야만 한다. 부모 자식 간의 문제, 형제간의 문제, 부부간의 문제, 조직공동체에서의 사회적 이슈와 문제들이 개인적인 오이디푸스기와 관련되어 있기 때문인 것이다. 남근기를 잘 보내는 것은 정말 중요하다. 원만한 부부생활 속에서 아이는 대상으로 나아가게 되지만 역기능 가정이 되면 아이가 어른이 되고 부모가 아이가 되는 것 같은 문제의 소용돌이 속에 휘말리게 된다. 각 개인이 육체적인 성장을 넘어 정신적인 성장도 함께 이루어 나갈 때 부부관계 또한 건강하게 지속될 수 있게 된다.

상담실을 찾는 개인이나 부부의 문제들 속에 가장 많이 걸려 있는 부분이 남근기 문제라는 것을 볼 수 있다. 그러나 많은 사람들이 자기 분석을 하지 않음으로 왜 나에게 이런 인생이 펼쳐지고 있는지 알지 못하며 대상을 탓하고 세상을 탓하며 살아가게 된다. 그 원인은 오이디푸스 콤플렉스로, 법과 금기를 따르지 않고 질서를 거스르는데서 오는 혼란스러움인 것이다. 개인 분석에 있어서 남근기 분석까지 가는 것이 쉽지만은 않다. 보통은 일상생활 속에서 일어나는 스트레스를 해결하는 수준으로 상담이 끝나는 경우가 많다. 깊이 있는 내담자들이 남근기의 산물들을 분석하고 있다면 그것은 오랜 분석이 진행 된 것으로 이제 비로소 세상 살아나가는 방법을 터득하게 된다. 어린 시절 좌절을 겪으며 아파하지 않은 대가는 성인이 되어 몇 배나 더 힘든 좌절 경험을 하며 고통과 싸워야 하는 시간이 필요하다.

3. 대상들과의 만남

세상을 향해 나아가야 한다

부모를 향한 마음의 욕망을 내려놓으면 친구들에게로 눈길을 돌리게 된다. 이는 좌절의 아픔을 딛고 한층 더 성장하게 되는 것으로 여기서부터 심리적인 분화가 시작된다. 심리구조가 약한 아이들은 부모와 융합되어 있어 밖으로 나아가는 것을 포기하게 되는데 이는 세상에 나가 지낼 만한 마음이 튼튼하게 자라지 못한 탓으로 두려움과 불안이 자리 잡고 있어 다른 관계 기술의 부족이 습관화 되어 있기 때문이다. 건강한 아이는 부모와의 관계는 물론 대상들과의 관계도 어려움이 없어 꿈을 향해 나아가는 길이 평탄하게 된다.

1) 의존에서 벗어나기

아기가 세상에 태어나면 자라서 부모를 떠나기 까지 돌봄이 필요하다. 융합에서 분화의 과정을 거치며 육체는 물론 내면적인 성장도 함께 가야만 한다. 위니캇(Winnicott, 1953)은 '중간대상'이라는 엄마의 대체 대상으로 부드러운 담요, 인형, 장난감 등을 말하고 있다. 이는 아이가 엄마와 떨어져서 견딜 수 있는 중간지대를 말한다. 엄마가 보이지 않아도 대체물을 잡고 노는 아이는 엄마가 다시 올 것이라는 믿음으로 안정되어 있으나 잠시도 엄마 품을 떠나지 않으려 한다면 애착형성이 잘 안된 상태에 있다고 볼 수 있겠다. 부모들은 모든 부분들에 있어서 내 아이가 잘 성장해 나가기를 바라며 키우고 있지만 생각처럼 쉬운 것만은 아닌 것이 자녀양육이다. 애착이론가 보울비(Bowlby)는 아이에게 있어서 엄마와의 관계가 아이의 사회성과 연결된다고 했다. 이는 양육자와의 친밀한 정서적 관계를 말하는 것으로 세상으로 나아가려면 정서적으로 단단한 준비가 되어 있어야 한다는 것이다. 엄마와의 애착관계 형성이 잘 되어야 심리적인 안정감을 가지고 자신감 있게 대상들과 함께 할 수 있다. 그렇지 못하면 주눅 들어 있거나, 눈치를 보거나, 힘이 약하여 놀고 싶어도 놀지 못하는, 친구들 주변에서 맴도는 심약한 아이가 될 수 있다. 세상은 힘 있는 사람들의 놀이터다. 일찍이 대상들과의 많은 관계 경험을 했던 사람들은 세상에 대해 일찍 눈을 뜨게 되고, 세상을 아는 만큼 세상을 지배 할 수 있는 능력 또한 키워 가게 되는 것이다.

화단을 가꾸는데 있어서 햇빛과 공기, 적당한 양분과 물을 주면서 관심과 사랑을 쏟을 때, 때가 되면 꽃을 피우고 열매를 안겨주듯이 모든 곳에는 심은 대로 거두는 법칙이 적용된다. 세상의 모든 이치는 다 그렇다고 볼 수 있다. 현재의 삶은 과거 심어 놓은 삶의 결과라고 볼 수 있다. 오늘 나는 어떤 삶을 살아가고 있는가? 멀지 않은 미래에 그 열매를 거두게 되는 것으로 인간은 의미를 찾아 의미 있는 삶을 살아가야만 한다. 심약한 정신은 안주하고 싶어 하며 무기력한 삶으로 넘어지지만 강한 정신력은 노력하고 도전하는 생명력으로 좋은 결과를 이루어 낸다. 의존은 수동적인 삶의 형태로 어떤 일을 자진해서 하는 자율적인 자아가 아닌 명령하고 지시 하는 것을 받아들이는 것이 더 익숙하다. 부모의 자녀에 대한 관심과 사랑이 지나칠 경우 아이는 자기개발을 뒤로하고 주체가 아닌 부모의 욕망을 이루기 위한 머나먼 길을 돌아가는 광야를 벗어나지 못하지만 일찍이 분화를 이룬 자녀는 자기 인생에 대한 책임을 지고 노력하며 미래의 주역으로 성장해 나아간다. 의존에서 벗어나지 않으면 주체로 살아갈 수가 없다. 그것은 어느 날 갑자기 벗어날 수 있는 것이 아니므로 분화를 위해 적당한 시기의 시도를 거치는 노력을 해야만 한다.

C씨의 사례: "거의 맨 날 장인 장모가 와서 우리 집안일을 마치 자기 일들처럼 간섭하는 것이 스트레스에요. 와이프가 살림을 잘 못해서 도와주는 것이라고 하지만 하루 이틀도 아니고 너무 자주 오니까 제가 집을 나가고 싶을 정도에요"

부부 문제로 C씨가 상담을 하며 토로하는 말이다. 분화되지 않으면 혼자 있을 수 없다. 혼자 노는 것도 안 되고 엄마와 떨어지는 것도 싫어하여 어린 시절 어린이집이나 유치원을 가기 싫어하기도 하지만 어른이 되어서도 늘 함께 있기를 원하며 수시로 전화통화를 한다거나 대상들과 함께 세상으로 나아가기 보다는 집안에서 안주하는 생활을 한다. 분화되지 않은 가족들은 혼자 보내는 것에 대한 부담을 안고 노심초사하므로 결혼을 하고 분가를 했음에도 내려놓지 못한 마음은 가족을 품고 살아가게 된다. 적당한 관심은 사랑이지만 지나치면 간섭이 되고 통제가 된다. 간섭과 통제가 심한 가정에서 자라나는 아이는 스스로 할 수 있는 능동성 보다는 부모의 도움으로 살아가는 수동적인 삶의 습관이 자리 잡게 되므로 융합은 불편한 삶을 만든다. 과거와는 달리 요즘 시대는 고부간의 문제보다는 장모와 사위간의 문제가 많아지는 것을 볼 수 있다. 일하는 딸을 돕는 장모의 과도한 손길이 힘든 것으로 시대적 상황이 만들어낸 사회적인 문제이기도 하다. 부부사이를 갈라놓게 되는 것은 중간에 있는 누군가의 작용가능성도 크다. 의식화 되지 않은 근친상간의 경우가 그렇고 분리해서 떠난 자녀를 놔주지 못하고 포기하지 않는 애정이 그렇다. 둘 간의 일은 둘이서 해결해 나갈 수 있도록 멀리서 지켜봐주는 것이 필요하며 내보낸 자녀를 어쩔 수 없이 돌봐주어야 하는 상황이라면 서로 간에 지켜야할 선은 넘지 말아야 한다. 가까운 사이일수록 경계는 더욱더 필요한 것이기 때문이다.

2) 세상으로 나아가는 자신감

부모는 행복해야만 한다. 아이는 부모의 모든 것을 받아들이기 때문이다. 스펀지처럼 모든 것을 빨아들이는 인간은 몸으로도 말을 하고 듣는다. 언어로만 소통이 가능한 것이 아니라 몸으로도 소통을 하는 것이다. 몸은 육체와 정신을 포함 하는 것으로 메를로 퐁티(Maurice Merleau Ponty)는 몸은 살아서 지각하며 반응한다고 했다. 아이들이 그 가정 안에서 일어나는 엄마의 슬픔을 먹고, 아빠의 분노를 흡수하며 자라간다는 것을 생각할 수 있어야 한다. 분노하며 먹이는 어머니의 젖이, 슬픔을 끌어안고 도닥이는 아빠의 사랑이 모두다 아기에게 들어가기 때문이다. 부모의 마음이 편안해야 안정감을 갖고 균형을 잃지 않는 성장을 하게 된다. 부모의 외상은 아기의 외상이 되고, 때가 되면 증상으로 나타나게 된다. 긴장이 많은 환경 속에서 자라난 아이는 심리적 에너지가 부족하여 대상으로 나아가는 것을 힘겨워 한다. 부모의 그늘처럼 안전하고 따뜻한 곳은 없다. 일정기간 부모의 지극한 돌봄 속에서 자라난 건강한 아이는 서서히 부모의 돌봄을 벗어나 대상에게로 나아간다. 친구들과의 관계도 믿음이 있어야 잘 지내게 되는데 이는 부모와의 신뢰가 바탕이 되었던 것으로 대상이 편안하게 느껴지고 세상이 두렵지 않게 되는 것이다. 무엇이든 초기 경험이 중요한 것은 반복되는 것에 대한 우려 때문이다. 부모로부터 충분한 사랑과 지지를 받으며 자랐어도 오이디푸스기에 적절한 좌절을 겪지 못한 아이는 세상을 향해 나아가는 것 보다는 안주하는 것을 선택하게 된다. 좌절은 아이에게 있어서 힘든 과정의 불편함 이지만 아픈 만큼 성숙해지는 성장을 가져다준다. 원했던 것을 포기할 수 있을 때 대상관계는 가능한 것이기 때문이다.

튼튼하게 자라지 못한 자아의 약함은 끝없이 융합과 의존을 원하며 세상으로 나아가는 것에 대한 두려움을 안고 살아간다. 세상은 자신감을 통하여 나아갈 수 있게 된다. 일차적인 엄마와 아빠로부터 얻은 자신감은 매우 중요한 것으로 모든 믿음의 기초가 된다. 이러한 신뢰를 기반으로 이차적인 대상들로 나아가게 된다. 부모와의 관계패턴은 주변 사람들과도 똑같이 적용되어 부모와의 관계가 좋았던 사람은 편안한 대상관계를 유지할 수 있다. 삼차적으로 서서히 아이는 성장해가며 유치원이나 학교 같은 공동기관으로 나아가 법과 규칙을 받아들이며 살아가는 것을 배우게 된다. 세상을 향해 나아가는 걸음은 아이마다 다를 수 있다. 정신적인 성장에 따라, 때가 되어야 밖을 보며 세상 사람들과 함께 할 수 있는 것이기 때문이다. 다 큰 성인이 되어서도 심리적으로는 어린아이처럼 세상을 두려워하고 불편해 하는 사람들이 있다. 이는 부모의 과잉보호로 인하여 온실 속의 화초처럼 자란 경우로 연약한 자아는 대상들과 함께 부딪치며 나아가는 것을 힘들어하고 피하게 된다. 무엇이든 적당한 것이 좋다. 너무 뜨거운 사랑은 타죽고 너무 차가운 사랑은 얼어 죽는다. 적당한 사랑과 분화는 한 인생을 건강하게 자라가도록 도와준다. 부담스럽지 않은 적절한 관계를 유지해 나아갈 때 자녀는 건강한 대상관계를 배워 나아가게 된다.

4. 욕망의 나래

진정 원하는 것은 무엇일까?

욕망(Desire)은 무한한 에너지로 개인을 성장 발전시켜 나갈 수 있는 원동력이 된다. 이는 선천적이고 본능적인 것으로 무엇인가를 이루고 쟁취하려는 몸의 반응을 동반한다. 프로이트(Sigmund Freud)에 따르면 욕망은 무의식적인 성적 소망을 의미하며 유기체로서 생명을 유지시켜주는 음식물에 대한 소망도 포함되는 것으로 욕구를 채우기 위한 인간의 욕망은 끝이 없음을 보여준다. 욕구가 있기 때문에 개인의 성장과 발전도 가능한 것이며 그렇게 인류의 창조는 계속 된다. 살아있음을 알리는 인간의 욕망은 무엇인가를 이루고 채우기 위하여 끊임없이 도전하며 그 속에서 자신을 알아가는 과정 속에서 혼돈은 멈추고 거룩한 욕망을 따르는 주체의 길을 걷게 된다.

1) 질풍노도(疾風怒濤)의 시기

세차게 부는 바람과 폭풍으로 인해 소용돌이치는 물결과 마주해야만 하는 청소년기는 그야말로 혼돈의 시기다. 고통으로 인해 사유체계는 활발하게 움직이는데 생각은 생각의 꼬리를 물고 혼돈의 세계 속으로 끌고 다닌다. 어른도 아이도 아닌 주변인으로 지내며 자아정체성에 대한 의문과 함께 존재의 나를 드러낼 수 없는 고민 속에 빠진다. 나란 존재는 누구인가? 작은 일에도 슬퍼하며 감수성이 예민해지고 우울하거나 생각에 잠기는 일도 많고, 까닭 없이 부모님께 반항을 하기도 하며 금방 화가 났다 풀리기기도 하는 사춘기의 역동 속에 들어온 자아는 혼란스럽기만 하다. 그리스 신전에서 길을 묻는 고통스런 인간은 자신의 혼돈과 불안을 잠재우기 위해 파르테논 신전을 찾는다. 갈등과 위기 속에서 인간으로서 할 수 있는 최선이기 때문이다. 우주 만물을 창조한 유일신은 이 땅의 존재 이유를 묻는 이들에게 직접 고통 속으로 들어가 본을 보여주었으나 갈등과 혼돈 속에서 받아들일 수 없는 자아는 멀고 먼 여정의 거친 광야를 걸으며 방황 했어야만 했다. 인간은 고통을 거쳐 순종을 터득한다. 순종은 많은 문제를 해결할 수 있는 키를 가지고 있다. 선진들의 삶 속에서 녹아나오는 뜻을 받아들이고 그 뜻대로 살아갈 때 비로소 출렁거리는 파도를 잠재우며 단단한 자아의 걸음은 용기 있는 시작이 되는 것이다.

진정한 인생의 출발은 거기서부터 시작된다. 부모로부터 받은 정기(精氣)를 가지고 세상으로 돌진하는 자신감은 못할 것이 없는 등등한 기세로 마주하게 되는 그 자신감으로 인간은 모든 것을 이뤄낸다. 포기하고 낙심하지 않으며 끝까지 싸워 승리로 이끌어 주기 때문이다.

쌓고 부서지는 경험 속에서 더욱더 단단하게 미래는 세워져 가는 것으로 자신의 역사는 그렇게 만들어져 간다. 어머니와 중간대상들의 놀이를 넘어 대상들과의 게임은 규칙을 지켜 나가며 세상과 마주하는 것이다. 든든한 세상이 두렵지만은 않다는 사실을 몸소 받아들이며 출렁이는 파도에 자신을 맡기고 머나먼 항해를 떠나게 되는데 그때 필요로 하는 것은 부모와 동료들로부터 받는 지지와 응원이다. 조언의 걱정보다 판단하는 가르침보다 더 필요한 것은 믿어주는 것으로 이루어 낼 것을 지켜봐주는 따뜻한 응시가 용기를 갖게 해 준다. 자기의 건설은 새 나라 새 질서를 건설 하는 것으로 모든 노력은 인류의 창조활동에서부터 시작된다. 실존주의 상담가 롤로메이(Rollo May)는 "우리들은 창조하는 것으로써 스스로의 존재를 표현 한다"고 그의 저서 「창조와 용기」에서 말하고 있다. 존재를 드러내기 위한 바쁜 걸음 속에서 인류는 발전하고 참다운 진리는 찾아진다. 이는 정서적인 동요가 심하고 좌절과 불안의 잠재로 인한 극단적인 사고와 과격한 감정을 갖게 되는 질풍노도의 시기를 잠재울 수 있는 모든 이들의 목적이요 희망인 것으로 출렁이는 자아의 걸음을 든든하게 잡아준다.

2) 고통속의 혼돈

인생은 어떤 목표, 꿈이 있어 그 목적을 따라 살아갈 때 좌충우돌(左衝右突) 하지 않고, 목적을 이루며 나아갈 수 있다. 자기성장은 발전적인 개인과 사회의 미래를 세워 나갈 수 있게 되는 것으로 자신의 꿈을 알고 이루어 나아가고자 함에는 많은 경험들이 필요하다. 실수와 실패를 거듭하는 아픈 경험들은 올바른 목적과 방향을 잡을 수 있는데 커다란 도움이 된다. 하고 싶은 어떤 것들 속에는 사랑도 포함이 된다.

엄마와 사랑을 나누던 아이가 아빠와의 관계를 지나 세상으로 나가 대상들과 함께 지내다 보면 친구들과의 크고 작은 일들 속에서 내면의 이슈들이 하나둘 올라온다. 건강한 자아는 어떤 일이든 잘 대처하며 갈등을 잘 해결해 나아가지만, 연약한 자아는 관계가 위축되고 그 속에서 발생되는 문제들을 잘 해결해 나가지 못하므로 상처를 끌어안고 주변인으로 살아갈 수 있다. 자신감, 자존감의 원천은 사랑이다. 사랑을 충분이 받으며 살아간다는 것은 대상을 사랑하고 세상을 사랑할 수 있는 기초가 된다. 부모로부터 구강기적 욕구를 채우지 못하게 되면 결혼 대상을 선택하는데 있어서도 현명하지 못한 선택을 할 수 있게 된다. 어떤 사람이든 다가오는 사람은 자신을 사랑한다고 생각하기 때문에 금방 쉽게 대상에 빠져버리고 후회하는 패턴을 반복 할 수 있다. 결혼 전 이성친구들과의 교제는 필요한데 한 사람만 만나는 것 보다는 두루두루 여러 사람들을 폭넓게 만나며 사귀어 보는 것도 대상을 선택하는데 있어서 도움이 될 수 있다. 자연스럽게 알아가고 깨닫는 관계 속에서 눈뜨는 만큼 세상일도 풀어져 가며 배우자의 선택도 달라질 수 있다.

부부는 서로 부족함이 있는 반쪽 인생들이 만나 하나가 되는 것으로 서로를 응원하며 지지해주는 동역자를 만나는 것이어야 한다. 부부가 같은 곳을 바라보고 목적하는 곳이 같으면 시너지효과가 발생 되므로 더 좋은 만남이 될 수 있지만 서로 다른 목적을 향하고 있어도 그 삶 자체가 귀한 것이므로 서로를 인정하고 지지해주며 용기를 북돋아주어야만 한다. 꿈은 내려놓는 순간 삶의 방향성이 흐트러진다. 목적 잃은 삶은 무질서해지기 때문에 용기 있게 끊임없이 질주할 수 있어야 한다. 창조적 활동에는 통찰의 긴장이 따른다. 계시는 자기 안에서 나오는 것으로 고통속의 혼돈에서 탄생한다. 자기분석은 잃어버린 존재를 다시 찾는 것이며 우주 속에서 하나의 의미를 세워나가는 것이 되기 때문에 혼돈의 기운은 멀리가고 명료한 상징의 목적만이 존재의 길을 안내하게 된다. 존재의 이유와 목적을 찾은 인간은 방황하지 않는다. 무분별한 시간낭비도 하지 않으며 노동을 통하여 생의 즐거움을 맛보게 된다. 노력하는 만큼 쉼의 보람도 크다. 열심히 일을 하며 땀을 흘린 후에 오는 휴식의 평안 속에서 감사할 수 있는 마음의 여유도 따라오기 때문이다. 인간이 늘 귀를 기울여야 하는 대상은 스스로 있는 자로 아름다운 인생은 그와 함께 걷는 걸음 속에서 갈증이 없는 생수를 마시게 되는 것으로 그곳에 참 만족과 채움이 있다. 생명의 기운은 생명의 삶을 살게 한다. 무한한 생명력은 가치 있는 인생으로 이끌어 주며 존재의 의미를 다시 생각하고 거듭나는 탄생으로 새 삶을 살아가게 한다.

5. 이상과 가치를 향한 삶

본능을 넘어서는 목적의 삶

인간은 가치 있는 삶을 살아갈 때 그곳에서 만족이 있고 성숙한 삶으로 인한 자족도 따라온다. 이유 있는 존재로 지음 받은 인간은 그 목적과 형상대로 살아가야만 한다. 사람들은 누구나 행복을 찾고 있고 누리고 싶어한다. 하지만 그 행복의 씨앗은 자기 안에 있어, 그것을 발견하고 이루어가는 것은 자신에게 달려 있다. 자신에게 주어진 일을 발견하고 감당하며 그 뜻을 이루며 나아갈 때 인생의 보람과 함께 채워지는 행복감을 맛볼 수 있게 되는 것이다. 이상과 가치가 없는 욕망의 주체는 흔들리는 주체로 대상과 사회의 물거품이 되지만 가고자 하는 길이 뚜렷한 사람은 흔들리지 않으며 목적의 푯대를 향한 경주를 하며 사회와 대상들로부터 흔들리지 않는 걸음을 걷게 된다.

1) 자녀 인생에 손대지 말기

부모가 자녀를 가장 잘 키우는 일은 내 자녀에게 있는 핵자기를 잘 발견하고 파악하여 그것을 잘 키워내도록 도움을 주는 일이다. 대부분 많은 부모들은 자신이 원하는 꿈을 아이가 대신 이루어주기를 원한다. 의식은 그렇지 않다. “아이가 하고 싶어 하는 것을 이루며 나아갔으면 좋겠어요”라고 말하지만 무의식적으로 자녀에게 건네는 단어는 자신이 좋아하는, 자신이 이루고 싶었던 잔재들을 요구하는 것이 많다. 현시대는 물질만능주의(materialism)로 인하여 정신적인 가치들은 무시된 채 물질문제만을 중시 여기는 것을 볼 수 있다. 부부가 결혼을 하면 빠른 시일 내에 주거공간을 마련하고 안정되게 살아가는 것이 최우선적인 인생의 목적으로 작용한다. 꿈과 포부는 숨어 버리고 현실적인 인생의 꼭두각시로 갈등하며 정신적인 방황을 끝내지 못한 채 살아가게 된다. 부모로부터 내려온 한풀이의 반복은 명예와 권력과 돈을 쫓는 미래의 개인과 사회를 만들며 자본주의 사회에 길들여진 주체 없는 허기의 반복을 만들어 간다. 사람은 저마다 자기만의 씨앗을 내면에 품고 살아간다. 인간에게 있어서 가장 자기를 잘 표현하고 만족스럽게 살아갈 수 있는 길은 바로 그 씨앗을 발견하고 키워 나아감에 있다. 그러나 부모의 씨앗을 아이에게 심어놓고 만족스러워하는 부모들이 많이 있는 것을 볼 수 있다. 자기의 길을 찾아 나서는 청소년들에게 부모의 관심이 잘못되면 자기 씨앗을 밟아 버리고 평생을 후회하는 삶으로 나아갈 수도 있다. 부모가 자녀를 가장 잘 기른 다는 것은 그가 가지고 있는 그만의 것을 발견하게 해주는 것이다.

D씨의 사례: “저는 어린 나이에 아버지가 일찍 돌아가셔서 어머니를

모시고 살았어야만 했습니다. 인문학에 관심이 많았던 저는 고생하시는 어머니를 보며 취직이 잘되는 공과 대학으로 진로를 선택을 하게 되었습니다."

D씨는 30년이 넘는 세월이 흐른 뒤 개인 분석을 통하여 자신이 진정으로 원하는 것이 무엇이었는지를 발견할 수 있었다. 의식의 눈뜸은 그 길을 찾고 다시 원점으로 돌아가고자 방향을 틀었던 것을 볼 수 있다. 돈을 채워주는 현실의 만족으로 진정한 만족을 할 수 없었던 그는 마음 한구석에 남아있는 자신의 욕망을 내려놓을 수 없었던 것이다. 과거 역사의 전쟁으로 인한 폐허(廢墟)된 굶주림의 환경 속에서 내려야 했던 선택은 프로이트의 구강기적 욕구충족이 최우선이었고, 메슬로우의 생리적 욕구의 단계가 최우선 일수밖에 없었다. 먹고 사는 문제는 모든 인간들에게 있어서 본능적인 것으로 매우 중요한 욕구 부분이다. 그 희생을 감수했던 많은 부모가 있었기에 오늘날 시대는 많은 발전을 이루었으며 세계 속에서 어깨를 겨루며 나아갈 수 있게 되었던 것이다. 이제 이 시대는 먹고 사는 것에만 급급해서는 안되며 정신적인 성장과 함께 나아갈 수 있어야 한다. 자녀 인생에 손대지 말자. 그냥 지켜봐주고 견디며 응원해 주자. 부모인생이 들어와 있는 융합은 남의 짐을 짊어진 채 혼돈으로 얼룩진 인생길을 걸으며 자신의 인생을 갉아먹는 세월을 낭비한다. 자녀의 불행은 부모와 무관하지 않으므로 서로가 힘든 인생길이 된다. 인간에게는 창조의 능력이 존재하므로 세상을 다스릴 수 있는 자격과 권리를 져버려서는 안 된다. 인생의 목적 속에는 '나'만 들어가 있는 것이 아니라 '우리'가 들어가 있는 삶인 것으로 함께 더불어 살아갈 때 모두가 행복한 걸음의 성화를 향해 나아갈 수 있게 된다. 내담자들을 분석하다보면 몰랐던 자기를 알게 된다. 상담을 하며

내 놓았던 퍼즐 조각들을 맞추다 보면 하나의 상징으로 명료한 그림을 볼 수 있게 된다. 이는 볼 수 없었던 자기 무의식 세계를 의식화 하게 되는 것으로 알 수 없었던 자기를 알게 되는 것이다. 분석은 왜곡되어 굳어진 자신의 모습만 보이는 것이 아니라 그 속에서 빛을 보지 못하고 갇혀 있는 자신만의 고유한 씨앗을 발견하고 만나게 되는 것이 더 귀하다. 인간은 누구나 자신이 해야 할 일을 찾아서 열심히 살아갈 때 이 땅에 있는 많은 문제요소들은 줄어들게 될 것이다. 한 생명의 씨앗이 발견되기 까지 혼돈과 방황은 계속 된다. 일찍이 의미를 찾아 목적 있는 인생을 살아간다면 그만큼 만족스런 삶의 패턴이 구조화 될 것이다.

2) 내 안의 핵자기 실현

인간의 욕구나 관심 속에서 목표가 되는 것들에 대하여 생각할 수 있는 지성의 가능성을 실현 시키며 나아간다는 것에 게으름을 피워서는 안 된다. 자신의 관심이 어디에 있으며 어느 곳에 가치를 두고 살아가는가를 볼 수 있어야 한다. 쾌락은 한순간으로 물거품처럼 사라지지만 가치(價値)로운 일을 찾아 사는 인생은 공허한 날들을 제거 할 수 있게 된다. 아침에 일어나면 어떤 생각으로 하루를 시작하는가? 사람들은 그 생각에 이끌려 하루를 보내게 된다. 하루의 계획은 작은 것이지만 1년 10년을 이끌어 갈 수 있는 기반이 될 수도 있는 것이다. 무엇을 하며 살아갈 것인가? 눈길이 머무는 곳 생각이 머무는 그곳은 어디인가? 계획 속에 사는 사람은 무기력을 이기고 나아가지만 무계획 속에 사는 사람은 주변사람들의 움직임 속에 합류하여 시간을 보내게 된다. 현대인들의 생활구조가 방출하는 곳으로 구조화 되어져 가고 있어 아쉽다는 생각이 든다. 내면의 소리를 들어보자 "너 왜 그렇게 시간을 보내고 있는 거야"라는 소리가 들린다면 나의 관심이 머무는 곳은 어디인지? 다시 한 번 고민해봐야만 한다. 여행을 다니며 찍은 사진들을 바라보며 잠시 만족하는 것 보다 길게 만족시켜줄 무엇인가를 찾아 나서는 것이 중요하기 때문이다.

나의 관심이 머무는 그곳은 어디인가? 내 인생의 주인은 나다. 내가 나를 살아갈 때 그곳에 행복이 있고 원하던 열매를 거둘 수 있게 된다. 빅터 프랭클(Victor Emil Frankl)은 우리가 일생을 살아가는 동안 가치 있는 일들을 염두에 두고 삶에 의미를 주는 어떤 것을 찾아야만 한다고 말한다. 인생에 있어서 삶의 의미가 없다면 계속 살아야 할 이유도 없는 것일 수 있다. 동물들에게는 본능적인 욕망만이 존재한다. 쟁취해서 삼켜버리는 자신만을 위한 본능을 넘어 인간은 이웃을 생각할 수 있는 숭고함이 있어야한다. 즉 욕심이 동반된 욕망을 넘어 거룩한 욕망으로 나아가야만 한다. 욕심이 동반된 욕망은 사망으로 가게 되지만 거룩한 욕망은 너와 나를 함께 축복 속으로 이끌어가기 때문이다. 우리가 이 땅에서 이루어야 할 거룩한 목적이 있는 욕망의 승화는 나와 내 가정은 물론 사회공동체와 온 인류를 위한 그 어떤 일이 되는 것으로 나도 좋고 너도 좋은 우리 모두가 행복해지는 일인 것이다. 이는 인생의 삶의 표본으로 앞으로 계속해서 이루어나가야 할 숙제인 것이다. 한 주체의 자기성장과 직업을 찾는 일에 있어서 가정과 사회는 많은 영향을 준다.

메슬로우는 자아실현의 사람들은 타인에게 의존하거나 매달리지 않고 사생활과 고독을 더 좋아하므로 때로는 사회적으로 어려움을 겪는다는 것이다. 사람들이 싫어서도 아니요 다만 그들에 대한 강한 욕구가 없음을 말하고 있다. 대상보다는 창조의 삶을 더 원하고 있는 것이다. 창조적인 삶은 용기에서 시작된다. 무엇이든 할 수 있다고 생각하는 전능감은 지지를 그만큼 많이 받은 사람에게서 자동적으로 나오는 사고로서 무엇이든 하면 된다는 긍정마인드로 사회생활을 즐겁게 하며 노동이 유희가 되는 삶을 살아가게 한다. 매일아침 출근길이 활기차고 기대에 부푼 생명충동의 충만한 발걸음은 반짝이는 아이디어를 샘솟게 하며 끊임없는 표상으로 만들어낸 상징의 열매는 보상이 따르는 튼튼한 구조를 세워 나아가도록 돕는다. 자기 씨앗을 찾아 한 가지 일을 꾸준하게 이루어가다보면, 그 분야에서 전문가로 자리 잡게 됨은 물론 능력과 실력을 인정받게 될 것이다. 중심을 잡고 걷는 내 인생은 내가 하고 싶은 것을 찾아 그것을 이루며 살아가는 것으로 힘 있고 자신감 있는 미래로 나를 이끈다.

Ⅱ. 결혼

무의식이 찾은 내 배우자

많은 사람들이 배우자 선택을 하는데 있어서 '이 사람 이다 라는 느낌이 와서 결혼을 했다'는 표현을 하듯이 내가 좋아하는 대상은 내안에 있는 어떤 것들과 연결 되어 있다. 특별한 것이 없는데도 그저 좋은 사람이 있고, 잘 알지도 못하는 사람임에도 그저 싫은 사람이 있는 것은 내 인생의 역사가 만들어낸 내면화된 무의식 때문이며 그러한 무의식적 움직임으로 배우자는 선택된다. 프로이트(Freud, 1917)는 인간의 성격을 지형학적 구조로 의식, 전의식, 무의식으로 나누는데, 건강한 정신으로 기능한다는 것은 이 세층의 통합이 이루어지는 것이라 설명한다. 현실을 살아가는 현 상황들의 움직임들은 의식만으로 살아가는 것 같지만 그것은 빙산의 일각과도 같은 것일 뿐 실상 우리를 이끄는 힘은 무의식(unconsciousness)에 있다.

1. 내안의 익숙한 선택

무의식과 관련되어 있는 내 배우자

자아(自我) 상태에 따라 배우자의 선택은 달라진다. 친구가 또 다른 자기이듯 배우자에게서도 자기모습을 볼 수 있다. 친구도 배우자도 내게 맞고 편안한 사람이 있다. 그것은 공감과 이해를 넘어서 어떤 것이 존재하기 때문으로 무의식은 사람을 알아본다. 수많은 사람들 중에 부모를 닮고 관련된 사람을 선택하게 된다. 부모가 갖고 있는 혐오스러운 것을 싫어할수록 똑같은 배우자를 만나게 된다거나 부모와 닮은 사람으로 만들어 살아간다. 허약한 어머니로부터 자라난 아들은 연약한 여자를 보면 구원해 줘야 할 것 같은 마음이 들고 강한 어머니로부터 자라난 아들은 그 어머니를 이겨줄만한 배우자를 선택하게 된다. 이 모두는 무의식에서 진행되는 것으로 의식하지 못하지만 살다 보면 명확한 무의식을 발견하게 된다.

1) 무의식 안의 내 역사

인간의 무의식엔 과거의 많은 것들이 들어와 있다. 태내에서부터 축적된 삶은 물론 부모로부터 조상에 이르기까지 우리 내면에서 어떠한 영향을 주고 있으므로 인간 삶은 의식보다는 무의식에 의해 살아간다고 해도 과언은 아니다. 부모의 언어, 행동, 생활습관들이 내려와 나를 구성하고 있기 때문에 나는 단순한 나 뿐만은 아닌 것이다. 부모로부터 물려받은 선과 악이 내면화 되어 있고, 그것들로 인한 생명과 죽음의 정신 역동적인 움직임 속에서 현 삶을 이끌어 내며 살아가게 된다. 생명은 생명을 선택하고 죽음은 죽음을 선택한다. 살아 있는 생명의 삶은 무한한 생명력으로 인생을 이끌어가지만 죽음이 만연한 기운은 밝은 빛 뒤에 있는 어두움을 움켜잡고 무기력으로 빠져들게 한다. 인간의 회복목표는 생기가 충만한 생령의 존재로 다시 태어나게 하는데 있다. 상처와 아픔으로 얼룩져 내려가는 대물림을 막아낼 때 자녀들의 삶은 한층 더 밝은 기운으로 미래를 열어가며 존재를 여는 자기 삶을 살아갈 수 있게 되는 것이다.

생명으로 인도하는 동아줄은 한 인생을 구원으로 인도하지만 썩은 동아줄은 사망으로 인도하는 것으로 생애 동안 어떤 줄기를 붙잡고 살아가는가의 중요성이 여기 있다. 윗대는 어려울지라도 지금 현재 여기서부터 회복을 이루어간다면 얼마든지 자신의 통합은 물론 자녀들에게도 귀한 삶을 살아가도록 인도하는 계기를 만들어줄 수 있다. 내 인생은 내가 끝이 아니다. 내려주고 있는 어떤 것들이 있기 때문이다. 가문(家門)과 가계(家系)를 따지는 사람들의 의도와 또 다른 것은 보이는 현상만이 아닌 보이지 않는 것을 볼 수 있어야 하기 때문이다. 인간의 정신 성장은 생을 다하는 날까지 이루어가야 하는 것으로 내가 성장을 이룬 만큼 자녀의 성장도 따라온다. 생의 끝은 없다. 내 인생은 자녀로부터 다시 시작되고 있기 때문이다. 나 자신이 현실에 매여 의식하지 못하고 나아가는 반복은 내가 물려준 자녀의 아픔인 것으로 원인을 파악하고 해결해 나아가는 것이 진정으로 좋은 가문, 좋은 가계인 것이다.

E씨의 사례: "시어머니가 비싼 명품 옷을 사다 주며 '너한테 어울릴 것 같아서 사왔어' 라며 건네는데 정말 몸서리 칠만큼 싫었어요. 뭐든 자기 마음대로에요. 결혼 전 저희 엄마도 그랬는데 시어머니는 더하는 거에요. 오빠(남편)는 옆에 있으면서도 그냥 보고만 있는데 정말 너무 미워 죽겠는 거에요."

E씨의 친정집은 아버지 보다는 모든 것을 어머니 위주로 결정하고 맞춰주는 생활환경으로 E씨는 어머니로부터의 간섭과 그로인한 억압이 많았으며 자신의 생각대로 살아가기 보다는 어머니에 의해 움직여졌다. 그의 역동으로 시어머니도 비슷한 분을 만나게 되었다. 서로의 가족들은 경계가 없는 융합으로 고부갈등은 물론 사위장모와의 다툼이 많았으며 부부싸움도 감당할 수 없는 상태에서 상담을 시작했다. E씨의 친어머니로부터 시어머니에 이르기 까지 내면화된 것들로 인하여 부정적인 모습만 보이는 가운데 갈등은 더욱 커져만 갔다. 시어머니는 며느리를 예뻐했다. 아들만 키웠던 시어머니는 며느리를 딸처럼 생각했으나 며느리가 원하는 것을 맞춰주는 것이 서툴러서 매번 지적거리를 만들었던 것이다. 많은 어머니들이 그랬듯이 서툰 사랑 표현은 자녀들과 불편한 관계를 만들게 된다. 사랑표현에도 기술이 있어야 한

다. E씨가 그 당시 벌어지고 있는 일들을 해석하고 자기 의사를 표현할 수 있었다면 상황은 또 달라질 수 있었고 좀 더 진보적인 관계를 만들어 갔을 것이다. 나의 생각과 감정의 느낌을 표현하는 대화는 대상의 감정을 자극하지 않으므로 갈등을 풀어갈 수 있으나 너 때문이라는 대화는 상대방의 마음을 닫게 만들어 더 한 갈등 속으로 들어가게 된다. 안나 프로이트는 투사동일시를 말하며 포로는 포로를 가둔 자를 동일시한다고 했다. 내면화 된 것들은 다시 나타나게 되어 있다. E씨 안의 내적대상은 친정어머니로부터 불편했던 많은 감정들이 시어머니에게 투사되고 있어 관계는 자꾸 더 꼬여만 갔던 것이다. 문제는 내 안에 들어와 있는 무의식의 역사가 만들어낸 현실이었다.

2) 결여와 결여의 만남

인간은 무엇인가 끌리는 편안함으로 공감과 이해를 아끼지 않는 익숙함이 있을 때 그 대상 속으로 빨려 들어간다. 결여가 그곳에 있기 때문에 그 결여를 채우기 위해 관계는 시작된다. 꿈속의 환상과 행복에 젖어 영원한 사랑으로 묶여질 것을 기대하는 소원성취는 결혼을 통하여 한 가정을 이루게 되는데 얼마 가지 않아 어긋나는 불편함이 느껴지고 후회하는 일들이 생겨난다. 이는 보이지 않았던 내면의 얼굴들이 드러나기 때문이며 내 생각과 마음대로 결정하며 살아갔던 싱글 때와는 달라졌기 때문이다. 가정은 질서로 세워진다. 질서 있는 가정은 선순환의 순환체계를 만들어가지만 무질서한 부부체계는 혼란스러운 역기능 가정을 만들게 되는 것으로 악순환적인 순환 체계를 만들게 된다. 부부 생활을 하는데 있어서 서로에 대한 관심은 필요하지만 간섭으로 가서는 안 된다. 서로를 인정 하되 그 인정은 그 사람의 과거환경까지도 포함하며 살아갈 때 진정한 배려와 이해 공감으로 같이 갈 수 있게 되는 것이다. 지금 내 눈에 보이는 그 사람의 문제는 그 사람의 문제만은 아닌 과거 잔재의 산물이 증상화 된 것으로 자신도 모르게 굳어져 있는 어떤 것들이기 때문이다.

부부 상담을 하다보면 늘 듣는 이야기가 있다. 배우자인 남편에 대한 불만을 털어 놓으면서 "시어른과 똑 같아요"라는 말을 자주 듣곤 한다. 닮을 수밖에 없는 것이, 늘 부모의 모습을 보며 학습되었기 때문이다. 같이 부대끼고 살아가는 동안 내면화 되어 있는 불편함 들이 무의식으로 들어가 자리 잡게 되므로 인생을 살아가는 동안 지속적이며 반복적으로 생활 속에서 다시 출현하게 되는 것이다. 가족 안에서 벌어지는 많은 역동들은 고스란히 저장되고 고정화 되어 대물림해주게 되므로 자녀 또한 같은 삶을 살아가게 된다. 부모의 삶을 내가 반복한다는 것을 의식하게 된다면 계속 내려가는 끈을 끊을 수 있게 되지만 알아차리지 못하고 깨닫지 못하면 대물림되어 내 자녀가 나와 비슷한 삶으로 살아가는 모습을 머지않아 다시 보게 되는 것이다.

의식화는 자신을 주체적인 자아로 살아갈 수 있게 한다. 내 자신의 인생은 내가 펼쳐가는 것으로 부모를 의지하며 도움 받으려는 마음들은 접어야 한다. 부모와의 융합을 분화해야만 한다. 현재 부부에게 가장 중요한 일 순위는 부모가 아니라 배우자이고 두 번째는 자녀이며 세 번째가 부모가 되었다는 사실을 인식해야만 한다. 부모로부터 분화가 되지 않으면 배우자를 주변인으로 만들 수 있기 때문에 가정을 지키려 하는 침범에 대한 분노가 시작되고 이는 부부싸움을 넘어서 집안싸움으로 커져간다. 지금 내 앞에 있는 배우자는 내가 선택한 또 다른 나다. 내가 나를 보는 것이 혐오스럽지 않을 때 부부의 생활은 편해져 간다. 결여와 결여가 만나 채워가기를 원했던 무의식적 욕망으로 맺어진 부부의 연은 서로의 역사를 보며 이해해 나갈 때 긍휼히 여기며 살아갈 수 있게 된다.

2. 환상과 현실

꿈은 사라지고 현실만 남는다

결혼은 환상의 실현도 현실의 도피도 아니다. 달콤한 환상에 빠져 있을 때 거기서 나오기 싫어하는 것이 인간이지만 현실은 당장 눈을 비비고 일어나 밥을 지어야 하고 청소를 해야만 하고 쓰레기를 분리수거해야 하고 경제적인 활동을 해야 살아갈 수 있게 되는 것으로 신혼생활의 시작과 함께 가려졌던 콩깍지는 벗어지기 시작한다. 이는 환상이 현실로 바뀐 것 일뿐 대상은 내가 사랑해서 만난 그 대상 그대로다. 자신의 심리상태에 따라서 대상이 달리 보일 수 있다는 것을 알 수 있어야 한다. 전체적인 측면으로 보는 거시(巨視)와 부분적인 측면으로 보는 미시(微視)의 안목은 안정된 결혼생활로 이끌어 준다.

1) 구원자 신드롬(messiah syndrome)

구원은 밖에서 오는 것이 아니라 내 안으로부터 온다. 기독교에서 예수는 인간이 해결할 수 없는 죄를 대신 해결해 주기 위해 세상으로 내려왔으며 내 대신 십자가를 지고 돌아가신 그 예수를 믿음으로 구원은 이루어지지만 그것을 믿지 않는 인간에게 있어서 예수의 구원은 없다. 이렇듯 자신의 생각이나 의지가 스스로를 이끌어가며 인생사 모든 일들이 '누구 때문'은 없는 '나 때문'인 것으로 대상을 탓하거나 원망할 필요가 없다. 배우자 선택에 대한 책임도 내가져야만 한다. 나는 어떤 생각으로 배우자를 선택했는가에 대한 질문 속에 잠겨 답을 찾을 수 있어야 한다. 동화속의 신데렐라는 환상 속으로 사라졌고 자신이 헤쳐 나가야 할 현실이 눈에 들어 올 때 붕 떠있던 자신은 비로소 바닥의 안정된 상태로 내려와 한 걸음 한 걸음 인생을 마주하며 살아갈 수 있게 된다. 당장 오늘부터 밥을 해먹어야 하고, 밥을 먹기 위해 사용했던 그릇들은 바로 씻어 놓아야 한다. 설거지를 하지 않고 쌓아 놓으면 일이 된다는 것을 깨달으며 부부가 서로 해야 할 일들을 미루지 말고 자진해서 처리해나가는 자세가 필요하다. 배우자가 다 해줄 것으로 기대하는 순간 전쟁이 시작되기 때문이다. 자율적 자아(autonomous ego)는 이드(id)로 부터의 출발이 아닌 그 자신의 기본성향들과 함께 성장하는 자아(自我)를 말하고 있는 것으로 똑똑한 자아는 현실의 충족을 위한 전환 능력을 갖고 있다. 부부는 완성체가 아니다. 반쪽과 반쪽이 만나 하나가 되었으므로 불완전한 서로를 인정하고 긍휼히 여기며 살아갈 때 동반 성장이 그곳에 있다. 인간은 성장의 끈을 놓지 말아야 한다. 자신의 구원은 자신으로부터 나오는 것이기 때문이다. 세상에 가만히 있는 나를 구원해주는 이는 없다. 자유의지로부터 시작된 노력만이 구원의 길로 인도되어 지는 것이다.

F씨의 사례: "정말 딴 사람이 된 것 같아요. 설거지도 다해놓고, 분리수거도 해놓고 애기하고 놀아주고 하는데 어제 그 사람이 맞나 싶을 정도로 바뀌었더라고요."

불과 며칠 전까지만 해도 F씨는 "짜증나요. 저도 힘들거든요. 집에 오면 저도 쉬고 싶은데, 밥을 해먹으려다 보면 설거지통에 그릇들이 한가득 쌓여 있어서 사용할 그릇이 없는 거에요. 매일 저 혼자만 하는 것 같아서 저도 설거지를 안했거든요." F씨 부부는 직장생활을 하고 있으며 슬하에 예쁜 아들도 있어서 육아와 가정살림 직장생활을 병행하며 쉴 수 있는 시간이 별로 없다보니 집안일을 서로 미루며 스트레스를 받고 있었다. 그 일은 사실 아무것도 아닌 것 같지만 부부가 서로를 위하는 것이 아니고 이기적인 생각 속에 있을 때는 감정으로 발전할 수 있기 때문에 더 하기 싫어지는 것이다. 이들 부부는 한동안 집안일을 서로 미루며 살아갔었다. F씨는 아내를 탓하며 감정을 토로했지만 사실은 본인도 하지 않고 있었기 때문에 부부의 힘겨루기가 시작되었던 것이다. 어느 곳에서든 먼저 눈뜨고 깨달은 사람이 팽팽한 줄을 내려놓아야만 한다. 행복해야 할 시간에 스트레스를 받으며 시간 보낼 필요가 없다는 것을 깨닫게 된 F씨는 어느 순간 직장생활을 하느라 지쳐있고 힘들어 하는 아내를 생각하게 되었으며 분석 과정 속에서 자신이 변했다는 것을 느끼지 못하고 아내가 딴 사람이 되었다고 놀라고 있는 것을 본다. 부부의 역동은 같이 돌아간다. 내가 내려놓으면 상대방도 같이 내려놓게 된다.

2) 어머니 같은 배우자는 없다

사람들은 누구나 어머니를 그리워하며 어머니를 찾는 무의식적인 행동들을 한다. 이는 최초의 사랑 대상으로 2자 관계 속에서의 강렬한 사랑을 회복하고 싶어 하는 욕구가 있기 때문이다. 그것이 아내든 남편이든 2자 관계 속에서 인간은 무의식적으로 모성애를 찾고 싶어 하지만 어머니와 같은 아내는 없다. 결혼을 했다면 이제 더 이상 생물학적 어머니를 아내에게서 찾지도 말고 요구하지도 말자. 부모는 자식을 계산하며 키우지 않지만 모든 인간관계는 무의식적인 계산이 따른다. 계산이 지나치면 관계는 금이 가고 깨어져 상처를 만들어 간다. 부부는 칭찬과 격려, 사랑과 위로를 먹고 사는 존재다. 마가는 부부가 결혼하면 "이제 둘이 아니요 한 몸"이라고 했다. 부부로 살아가고 있는 대상은 이제 더 이상 너와 내가 아니라 하나인 것으로 배우자에게 잘 하는 것이 나에게 잘 하는 것이 된다. 나 자신을 아껴본 사람은 배우자를 아껴주는 것이 어렵지 않다. 그러나 나를 사랑하고 아껴보지 못한 사람은 그동안 해왔던 익숙한 방식 그대로 살아가며 자아의 빈곤을 키워간다.

현 상황을 제대로 보며 살아가는 것은 매우 중요한 것으로 붕 떠 있는 듯한 심리상태에서 내려와 안정된 자리에 머물러야만 한다. 현실을 바로 보며 씌워졌던 콩깍지가 벗어질 때 현실을 잘 대처해 나갈 수 있는 능력도 나오기 때문이다. 윌리암 글래서(William Glasser)는 현실치료법을 개발했다. 자신을 긍정적으로 인정하며 발전 시켜 나아가는데 있어 현재에 초점을 맞추는 것이다. 과거의 나를 알아가는 것도 중요하지만 과거에만 머무를 것이 아니요, 현실을 살아가는 현재와 미래도 중요하기 때문이다. 세상은 누구에게나 공평하다. 노력한 만큼 주어지는 생의 축복은 따라오기 때문이다. 사랑과 정을 쌓으며 나누는 생활을 해 나가는데 익숙해져야만 한다. 부부로 살아가는데 있어서 서로에게 필요한 리비도를 욕구충족 시켜주는 것은 언제나 중요하다. 충족이 되지 않을 때 오는 좌절은 궤도를 벗어난 사랑을 갈구하며 충족시키려 하기 때문이다.

남편은 먼저 아내를 사랑하고 존중할 때 아내는 아이들을 사랑하며 선순환 채널로 돌아가지만 남편의 사랑이 다른 곳을 향해 있을 때 아내는 무의식적으로 아이들에게 화풀이를 하는 등의 악순환의 고리를 만들게 되는 것으로 부부의 정서 체계는 중요하다. 나를 길러 주었던 어머니를 심리적인 측면에서 떠나자. 결혼을 하는 순간 부모를 떠나 이제는 배우자와 한 몸을 이루며 동고동락(同苦同樂)하며 지내게 될 때 집안의 모든 정서는 안정화되기 시작한다.

3. 분화하며 겪는 아픔

주체로 나가는 성장의 시작

심리·정서적으로 두 사람이 함께 융합되었던 신혼생활은 분열의 콩깍지가 벗어지면서부터 분화되어가기 시작한다. 융합은 두 사람 모두의 성장에 걸림돌이 되므로 분화되어 살아가야하지만 분화의 과정이 그리 쉬운 것만은 아니다. 어린 시절 유아는 자라가면서 엄마와의 분화과정을 겪어나가는 것이 정상이다. 어머니의 따뜻한 사랑을 가슴에 안고 중간대상을 거쳐 세상으로 나아가 대상을 만나는 것이다.

위니캇(Winnicott)은 아이가 어머니와 애착형성이 잘 되고, 분화능력이 생기면서 중간대상(부드러운 담요, 인형, 장난감등)을 가지고 혼자서 놀 수 있게 되며 이는 엄마가 잠깐 동안 보이지 않아도 바로 올 것이라는 아이의 안정된 심리상태를 보여주는 것이라고 했다. 믿음과 신뢰가 있어 중간대상을 엄마삼아 안정된 심리 상태로 잘 놀 수 있게 되는 것이다. 어머니와의 융합이 분화로 가지 않으면 배우자와의 융합으로 간다. 융합은 부부는 물론 양가에도 불편을 끼치는 경우가 많다. 부부의 불화로 문제가 생겼을 경우 양가의 문제로 커져 갈 수 있기 때문에 매우 위험할 수 있다.

1) 나의 어머니 내려놓기

부부는 둘이 하나가 되고 하나가 둘이 되어 주체를 인정하는 인격적이고 성숙한 삶으로 나아가야만 한다. 마가렛 말러(M. Mahler)는 심리적 탄생의 성신내적 과정이 분리되고 개별화되는 과정을 말하면서 유아가 엄마로부터 분리하고자 하는 현상을 관찰할 수 있었다고 했다. 인간은 성장하면서 분화하고자 하며 주체로서 자율적인 자기를 살아가고 싶어한다. 홀로서기를 할 수 있는 건강한 자아는 세상을 두려워하지 않으며 세상 속으로 들어가는 전쟁을 마다하지 않는다. 분화가 안 된 성인은 만만치 않은 세상과 맞장 뜰 수 없어 누군가를 끌고 전쟁터로 함께 나가려 한다. 이들은 허약하여 끌고 온 대상을 전쟁터로 밀어 넣고 뒤에서 구경만 하려는 심리적인 약함을 드러내게 된다. 사회생활을 하며 인간관계 속에서 흔히 볼 수 있는 것으로 많은 사람들이 분화하지 못한 삶을 살고 있다는 것을 보여주고 있다.

대가족이 함께 살아야 했던 과거 역사는 자연스럽게 융합문화를 만들었으며 그로인해 가장 많이 발생되었던 문제가 고부간의 갈등으로 나타났었다. 이는 어머니와 아들의 융합이 만들어낸 증상으로 아내가 있음에도 불구하고 어머니와의 리비도 교류를 하며 지내게 될 때 아내의 감정은 자연스럽게 시어머니가 싫어지고 부부사이는 소원해 지며 아들을 기대하고 살아가는 역기능 가정을 만들어 갔던 것이다. 그 잔재는 핵가족 시대가 된 현 사회 속에서도 번번이 일어나고 있어 그러한 문제로 부부 상담을 하게 되는 부부도 많다. 머리로는 알 것 같으면서도 실제의 삶 속에서는 잘 안 되고 있는 것으로 많은 부부의 문제가 여기서부터 시작되기도 한다. 원가족 간의 극심한 융합은 결혼해서 한 공간에 두 사람만이 사는 것이 아니라 심리적으로 원가족과 함께 살아가고 있는 것으로 부부간의 문제가 생겼을 때 둘이서 해결하는 것이 아니라 소소한 문제들도 양부모를 끌어들여 편 가르기 싸움으로 커져가는 갈등을 해결하지 못한 채 이혼의 위기에 놓이게 되는 경우들을 많이 보게 된다.

어머니는 고마운 대상, 감사해야 하는 대상으로 늘 그 마음을 잊지 않고 효도하며 살아가야 하는 것은 맞지만 결혼을 해서 분가를 했으면 이제 더 이상 어머니와의 관계 보다는 아내에게 마음 쓰며 살아가야 한다. 융합이 깊은 사람들은 분석도 쉽지 않다. 상담자의 피드백이나 상담 이론들을 무시하고 상담자에게 거친 모습을 보이기도 한다. 이들은 대게 근친상간기제로 인하여 가정에서도 부모를 이겨 누른 사람들로 상담자의 피드백도 무시하는 것이 특징이다. 사회 환경 속에서도 내가 주인이 되어야 하는 이들은 상하 관계를 구분하지 못하여 많은 불이익을 받으며 살아가게 된다. 억울한 핵심 감정을 끌어안고 살아가지만 잘못된 구조가 만든 것으로 어머니를 내려놓을 수 있을 때 부부생활은 원만해지며 안정된 가정을 꾸려갈 수 있게 된다. 가정은 두 사람이 연합하여 살아가는 것이지 부부외의 원가족들을 끌어들인 심리적 융합은 복잡한 집안으로 만들어 간다는 사실을 알 수 있어야 한다.

2) 사랑하는 배우자와의 분화

융합은 서로가 나약한 사람들이기 때문에 서로가 융합되어 있으면서도 서로를 신뢰하지 못하는 경우가 많다. 대상 신뢰가 약하면 분석가에 대한 신뢰도 약하기 때문에 분석가의 에너지투여가 불가피하다. 융합은 세상으로 나아가는 힘이 없어 쓸데없는 곳에 에너지를 쓰며 인생을 허비하게 만들기도 한다. 자기 재능과 포부를 향해 나아가는 것이 이상적이지만 늘 안주하고 싶어 하는 마음은 집안에서 부모와의 다툼을 일삼게 되고 부부간의 다툼이 일상이 된다. 색다른 달콤함에 빠져있던 신혼생활이 지나면서 좋은 점만 보였던 대상의 장점들이 시들어지고 단점들이 눈에 들어오기 시작한다. 그것은 현실로 달콤했던 그 사람이 현재 실망스런 그 사람인 것이다. 그 선택은 다른 사람이 한 것이 아니라 내가 했던 것이다. 선택에 대한 책임 또한 나에게 있다. 이럴 때 건강한 자아의 깊은 사유는 자신을 돌아보는 계기가 되고, 겸허히 자신을 인정하며 나아가 대상을 이해하고 받아들이는 성숙함으로 가지만 많은 사람들이 노력을 해도 그와 같은 단계에 도달하는 것이 쉽지 않다는 얘기를 하게 된다. 이는 구조화된 오랜 습관의 결과로 전문가의 도움을 받아 서서히 자기 자신을 들여다 볼 수 있어야 한다.

배우자는 내가 통제해야 하는 대상이 아니다. 통제는 융합하려는 것으로 내가 원하는 것을 대상이 모두 다 들어줘야 한다고 여기는 것이다. 서로를 인정하며 살아가는 것이 습관화되어 있어야 한다. 그게 그 사람이라는 것을 인정하며 이해할 수 있어야 하고 집안의 주인으로 살아갈 수 있도록 상호 존중하는 분위기가 필요하다. 배우자는 우리집안의 주변인으로 있어야 하는 손님이 아니다. 인생여정에 있어서 최고의 동반자요, 반려자로 전도여행자 바울은 배우자를 자기 몸과 같이 사랑하라고 했다. 노력 없는 행복은 없다. 완벽을 추구하는 것이 아니라 부족함을 인정하고 그 부족함을 보고 있는 내가 채워줄 때 부부관계는 원만할 수 있는 것으로 그만큼의 노력이 필요한 것이다. 심은 대로 거둔다는 진리는 어디서든 적용된다. 내가 희생하며 심은 만큼 세상은 나에게 기쁨을 안겨주는 것으로 아내나 자녀에게 존경을 받는 것도 심지 않고 거둘 수 있는 것은 아니다. 인생이 그렇게 녹록(碌碌)하지만은 않다. 만만하게 보고 준비 없이 걸어가는 인생은 머지않아 후회하며 주변의 누군가를 원망하며 살아가게 된다.

인생은 서로 존중하며 나아가는 삶 속에서 향기롭고 아름다운 사랑의 꽃을 피워갈 수 있게 된다. 대상을 있는 그대로 봐주어야만 한다. 판단하는 심판관이 되어서는 안 된다. 판단은 대상을 상처받게 하고 상처를 받은 대상은 당신을 떠나갈 수도 있다. 상처를 사랑으로 감싸주는 것에서 성숙한 삶은 시작된다. 배우자가 할 수 있는 것을 요구 하자. 배우자가 할 수 없는 지나친 요구는 배우자를 병들게 한다. 기대가 크면 실망도 크듯이 실망으로 인해 배우자를 무능력한 존재로 보며 서서히 무능력한 존재로 만들어 버리기 때문이다. 살아가는데 돈이 넉넉하지 않으면 함께 벌고 아껴 쓰려는 노력이 필요한 것이며 그런 부부의 연합이 넉넉함을 만들어 낸다. 부부는 그렇게 각자의 삶을 함께 살아가야만 한다. 융합은 의존을 요구할 뿐 함께 합력하는데 어려움을 겪게 한다. 건강한 자아는 분화하여 함께 합력하는 삶으로 가도록 돕는다.

4. 받아들임과 회피

고뇌의 열매와 부정감정 묶임의 방출

결혼 후 부부의 양상은 보통 네 갈래 길로 나눠진다. 첫째는 승화되어진 성숙한 부부로 살아가는 것이다. 많은 전쟁을 치르고서야 자신과 대상을 이해하고 인정하는 계기가 되어 점점 안정된 가정으로 가꾸어 나가는 부부의 모습이다. 둘째는 끊임없는 방출과 끊임없는 말다툼을 하는 부부가 있다. 조용히 대화하는 것이 어려워 언성이 높아지는 것이다. 그렇게 되면 이성적으로 문제를 풀어가는데 걸림돌이 생긴다. 셋째로 심리정서적인 이혼으로 간다. 대화도 안 되고 다투어 봐도 안 되기 때문에 포기를 하는 것이다. 넷째는 분리를 원하는 부부로 이혼을 선택한다. 이혼은 꼭 문제가 있어서가 아니라 해결할 수 있는 지혜와 견딜 수 있는 힘이 부족할 때 선택되어 지는 것이다.

1) 마주하고 싶지 않은 원수

부부가 원수로 지낼 때 드는 부정 감정들은 온 가족을 초토화 시킨다. 사람들은 쾌적한 환경을 좋아하며, 편안한 사람을 좋아하므로 분노 할 때 쏟아지는 호르몬 아드레날린(adrenaline)의 독성을 피하고 싶어한다. 내면에 있는 모든 악의 분출을 감당할 수 없을 때 부부는 피하는 선택으로 이혼을 한다. 의사소통이 잘 안되어 부정감정을 풀어내지 못하면 억압된 응어리는 여러 가지 문제와 증상을 낳을 수 있다. 자아는 단단하고 건강해야 한다. 건강한 자아는 견디고 인내 할 수 있는 힘이 있으나 그렇지 못할 경우 힘든 상황을 견뎌낸다는 것은 결코 쉬운 것만은 아니다. 무엇이든 훈련이 필요하다. 어려서부터 생각하는 습관이 발달된 사람들은 해석의 다양성으로 갈등 상황을 견뎌갈 수 있지만 그렇지 않은 대부분의 사람들은 쉽게 할 수 있는 방출을 선택한다.

견딤에는 해석이 필요하다. 어떤 불편한 문제가 있을 때 '나는 왜 그 문제가 그렇게 힘든 것일까?'를 생각해 내야만 한다. 그냥 무조건 참아내는 억압은 때가 되면 증상으로 붉어져 나오게 되지만 해석을 하게 되면 다르다. 해석은 꼭 한가지만은 아닐 수 있다. 이런저런 생각들 끝에 '아하, 그것 때문이었구나'라는 의식은 무거운 감정과 증상을 떨쳐 버릴 수 있다. 부부는 서로 다른 문화권 속에서 살아온 사람들로 각기 신념들이 다를 수 있다. 다른 그것을 받아들이고 인정해주어야만 한다. 다른 것이지 틀린 것은 아니므로 습관이 되어 구조화된 것들을 내 생각이 맞는다고 내가 원하는 쪽으로 강요한다면 갈등을 피해 갈수는 없을 것이다. 자신의 생각과 감정, 느낌을 아이 메시지로 잘 전달하면 상대방도 기분 나빠하지 않고 수정해 나갈 수 있으나 판단이나 지시적인 언어는 대상을 폄하하는 것으로 대화가 되지 않는다. 서로의 인격을 존중하는 대화는 발전적인 성장을 이루어가지만 대상을 무시하며 폄하하는 언어를 순순히 듣고 싶어 할 사람은 없다. 말이 천 냥 빚을 갚는다고 했듯이 듣는 사람이 기분 나쁘지 않은 언어사용을 습관화 하는 것이 필요하다. 잘 하고 싶으나 잘 안 되면 안 되는 만큼 더 힘들어지기도 한다. 그러나 말 한마디 하는데 있어서도 실수와 실패를 거듭하는 훈련이 필요하다. 오늘의 원수가 내일의 원수로 남는 것만은 아니다. 환경과 여건이 주는 생각에 따라 아군이 적군이 되고 적군이 아군이 되기 때문이다. 원수는 대상이 아니라 내 자신이 만드는 것으로 내 자신 안에 들어간 내면의 문제들을 해석하고 해결할 때 원수를 견디며 함께 할 수 있고 원수는 더 이상 원수가 아닌 사랑스런 배우자로 남게 된다.

2) 고통을 견디는 승화

프로이트는 완결된 승화(sublimation)가 문명화된 사람들에게 가능한 것으로 보며 승화를 창조성과 연결시켰고 라깡에게 있어 개인의 완결된 승화(sublimation)는 불가능한 것으로 죽음충동과 연결된 무로부터의 창조의지로 보았다. 직접적인 충족을 금하고 받아들일 때 비로소 가능해 지는 승화는 고통의 견딤 속에서 창조의 힘을 얻게 된다. 부부로 살고 있는 상대는 또 다른 '나' 인 것으로 배우자에게 하는 것이 곧 나에게 하는 것이 된다. 자신을 아껴본 사람은 대상도 아껴줄 수 있다. 모든 성장에는 질서가 따른다. 구강기를 넘어가지 못한 사람은 어른이 되어서도 아기처럼 자신만 생각하는 이기적인 사람으로 살아가며 항문기를 잘 못 보낸 사람은 성인이 되어서도 늘 내뱉는 무분별한 토설 속에서 살아가고 남근기 때 법을 배우지 못한 사람은 이득이 되는 것이라면 무엇이든 덤벼드는 무자비한 사회속의 폭군으로 살아간다. 잠재기의 깊은 생각들은 자신을 변화시키고 승화시켜 창조적인 인간으로 만들어 낸다.

분석 속에서 많은 부부들의 가정에 질서가 없는 것을 보게 된다. 가부장제 문화가 물러가고 양성평등 시대를 지나 여권상승의 모계중심사회가 다시 오는 것은 아닌가 하는 생각이 들 정도로 남자들의 위상이 무너져 있는 것을 본다. 어떠한 공동체든 질서가 있어야 한다. 질서가 무너지면 많은 문제들이 생기기 마련이다. 위계질서를 무시할 때 혼란이 오며 체제는 무너지고 결국엔 자기 자신마저도 피해를 보게 된다. 가정의 질서는 가장으로부터 시작되며 한 공동체의 질서도 마찬가지다. 최고의 리더를 무너뜨리려는 심리적 기제는 남근기 산물이며 거세가 안 된 사람들의 무분별함에서 나오는 것으로 사회 전반에 걸쳐 이러한 문제들은 만연하다. 선도자가 진정한 리더가 되는 것도 어렵지만 청중이 청중의 자리를 잘 지키는 것 또한 어렵다. 고통이 따르는 견딤 속에서 서로를 응원하는 힘으로 공동체는 살아남게 된다. 즉 승화된 문명인으로의 성숙함 없이는 공동체를 유지하기 어렵다. 합력하려 들지 않고 질서를 깨트리며 공동체를 무너뜨리는 파괴적인 역동들은 무의식에 저장된 과거의 잔재로 오이디푸스기를 잘 못 넘긴 사람들의 반란인 것이다. 아버지도 어머니도 내 배우자는 아니다. 이를 심리 정서적으로 분화하지 못한 채 끝까지 쟁취하고 싶어 하는 마음 뒤에는 갈등으로 얼룩진 원가족이 있다. 인생은 나의 길을 잘 알고 나를 잘 사는 것에 있다. 바깥을 보는 것이 아니라 안을 바라보며 나아갈 때 문제는 진정되고 나의 성장과 더불어 가정과 사회의 안녕을 이루게 되는 것이다. 내안의 들보를 보며 그 고통을 견디고 승리할 때 남의 눈의 티를 보며 부끄러움을 알게 되는 변화로 가게 된다. 부부는 이러한 과정을 거쳐 더 깊은 사랑으로 서로를 끌어안고 받아들이게 되는데 여기까지 오는 과정은 험난하지만 잘 견디고 뚫어 낼 때 부부는 비로소 평탄한 내일을 기약할 수 있게 된다.

5. 언어와 몸의 대화

부부를 이어주는 두 줄기

부부는 육체(肉體)를 통한 섹스(Sex)의 오르가즘(orgasm)과 언어(言語)를 통한 대화의 환희(歡喜)를 느끼며 살아갈 수 있을 때 더한 행복감을 맛볼 수 있게 된다. 부부가 함께 하는 과정 속에서 빼 놓을 수 없는 것이 대화이며 부부간의 성생활로 이 둘을 통하여 부부는 힘들었던 갈등과 스트레스를 녹여낸다. 최고 절정의 순간 모든 것을 녹여내는 오르가즘의 환희는 치료제의 역할을 한다. 살아가면서 채워지는 많은 행복감들은 건강한 자아로의 자존감 있는 인생을 펼쳐 나갈 수 있게 하며 몸의 건강도 따라와 생명력 있는 많은 일들이 쉽게 이루어진다.

1) 육체(肉體)를 통한 섹스의 오르가즘(orgasm)

빌헬름 라이히(Wilhelm Reich)는 문제를 겪고 있는 환자들은 성행위를 통해서 충족을 얻지 못하고 있음을 발견했으며 프로이트(Sigmund Freud)는 신경증에 대한 원인이 성 본능의 억압임을 밝혀 내었다. 이들은 치료를 통해 증상이 사라지고 만족스러운 성생활을 할 수 있다는 것을 분석을 통해 증명해 내었다. 빌헬름 라이히는 남녀의 성행위시 느낄 수 있는 오르가즘 절정은 내외적인 자극에 동요되지 않고 그 느낌에 집중할 줄 아는 사람들에게서 일어난다고 설명한다. 성적인 장애는 신경증과 연관되어 있으며 치료시 만족스러운 성생활을 하게 되었다고 말한다. 어린 시절의 갈등은 성적 기능을 방해하고 현실의 신경증을 강화시킨다. 살아 있는 인산에게 꿈틀거리는 본능적인 욕망 중 하나인 섹스는 가정 안에서 부부에게 허락한 신의 선물이다. 낮 동안 쌓인 잔재들을 다 녹여내는 용광로의 역할을 하는 것으로 충분히 마음껏 풀어내게 될 때 일상의 일들도 순조롭고 즐거워진다.

부부에게 있어서 처음 경험하는 성생활이 좋은 기억으로 저장될 수 있어야 한다. 서로의 마음을 읽어주고 느끼며 함께 노력할 때 부부생활이 원만하며 더한 기쁨 속에서 만족을 경험하게 되는 것이다. 인간으로 시작되는 시점으로부터 생겨나는 본능적인 욕구들의 억압은 신경증들로 인하여 복잡한 가정생활을 만들어 갈 수 있으며 부부간의 갈등을 풀어 낼 수 있는 출구를 막게 된다. 상담실을 찾는 대부분의 부부들을 보면 성생활이 편하지 않다. 아이가 아직 어리다는 핑계로 부부침대에서 아이와 함께 자는 가정이 있는가 하면 엄마와 아이가 함께 자던가 아니면 아빠와 아이가 함께 자는 예가 많다. 부부가 서로 스킨십을 하며 사랑 표현을 해야 할 때 아이를 끌어안고 애정을 표현하게 되므로 부부사이는 무엇인가 모를 부족함을 느끼며 관계는 소원해져 간다. 성에 대한 혐오는 그만큼 욕망하고 있다는 사실을 의식하지 못하는 경우가 많다. 내면을 들어가 보면 욕망했던 사람으로 인한 죄책감이 동반되어 있기 때문인 것으로 본능을 거스르는 부자연스러움이 부부생활에 있어서 많은 걸림돌이 된다.

G씨의 사례: "맨 날 애기하고 같이 자니까 문제가 많아요. 하고 싶다고 해도 애기만 끼고 자고 애기 깬다고 못하게 하고 다른 방으로 가자고 하면 나중에 하자고 하면서 계속해서 거부하거든요. 여자는 어떨지 모르지만 저는 남자로서 많이 불편하고 짜증나거든요. 어디 가서 해볼까도 생각하지만 쉽지 않잖아요"

위 내담자 G씨는 다른 사람들 보다 부부불화가 더 심한 경우 중 하나로 G씨의 가정은 부모로부터 물려받은 삶의 패턴을 그대로 지니고 있었기 때문에 평범함을 넘어선 투박한 언어와 행동들로 인해 아내는 늘 상처를 받으며 남편을 밀어내고 있었던 것이다. 외도는 이렇게 작은 것에서부터 시작된다. 가정이라는 굴레 안에서 원하고 있는 것을 할 수 없을 때 다른 곳을 바라보게 되는 것이 인간이기 때문이다. 대화가 막히면 감정순환이 안될 때 보통의 부부들은 섹스를 거부해서 더 큰 문제를 만들기도 한다. 감정은 분화할 수 있어야 한다. 문제는 문제이고, 성생활은 또 다른 것으로 생각할 수 있어야 한다. 화가 났다고 가정살림도 안 돌보고 섹스도 거부 한다면 이는 미성숙한 행동으로서 그로 인한 반복적인 불편함들이 더 많이 생겨나게 된다. 부부는 서로 원하는 것을 들어줄 수 있어야 하지만 들어줄 수 있도록 만들기도 해야만 한다. 함께 노력하는 사이로 가지 않을 때 서로가 힘들어지는 삶이되기 쉽다.

2) 언어(言語)를 통한 대화의 환희(歡喜)

동물과 인간을 구분할 수 있는 것은 언어라고 쟈크 라깡(Jacques Lacan)은 말한다. 인간 사회를 떠나서 자라난 존재는 언어를 사용할 수 없는 것이다. 최초 문자기록이 B.C. 4천년경 수메르(Sumer) 비문에서 고고학자들에 의해 발견되었지만 인류에게 있어서 언어의 사용은 훨씬 앞선 것으로 언어의 기원에 대한 논쟁은 계속되고 있다. 아이가 3~5세가 되면 이미 95%이상 의사소통을 하며 자라가게 된다. 촘스키 학파는 인간에게 선천적으로 창의성이 무한한 표현력을 하고 있다는 것이다. 조르조 아감벤(Giorgio Agamben)은 인간이 태어날 때부터 이미 언어 능력을 부여받고 세상에 나온다고 말한다. 언어 능력이 있는 인간으로 태어나 그 능력을 키워 나가지 못하게 되면 대상관계는 어려워진다. 인간의 소통은 대화에서 나온다. 대화를 나누다 보면 모든 감정의 찌꺼기들이 순화되고 정리된다. 문제의 답을 찾고 문제를 해결하게 되는 것이다. 대화가 중요한 것은 바로 이 때문으로, 얽혀진 것들을 하나둘 정리해 나가다 보면 처음엔 어려운듯해도 갈수록 쉽게 갖가지 일들을 처리해 나갈 수 있다.

서로의 느낌이 통하고 이상과 감성이 통하는 가운데 나누는 대화는 몸과 마음이 활짝 열리는 행복함 속으로 빠져들게 한다. 현실과 이상을 오가는 대화의 나눔 속에서 환상적인 불꽃을 피우게 될 때 마음 속에 억압된 감정의 응어리들이 풀려 나가고 정화되는 카타르시스(catharsis)를 맛보게 된다. 우울 불안은 사라지고 몸의 긴장은 빠져나간다. 치유는 무엇들에 묶여 있는 노예가 아니라 해방이며 더러운 오물들은 버리고 새로운 생명수를 받아들여 건강한 자아로 만들어가는 것이다. 건강한 자아는 자신에 대한 믿음이 동반되지만 이는 대상들과의 관계 속에서 쌓여진 신뢰가 바탕이 되는 것으로 좋은 경험들을 많이 만들어갈 필요가 있다. 이혼 후 겪는 감정의 혼란 속에서 파괴적인 감정의 희생양이 되어서는 안 된다. 상처받은 영혼을 그대로 두어서는 안 되며 달래주고 어루만져주는 사랑과 대화가 필요하다. 풀리지 않는 문제를 혼자 풀어보려고 애쓰지 말고 전문가의 도움을 받아보자. 세상은 혼자 살아가는 것이 아니라 더불어 살아가는 것이며 합력하여 선을 이루고 함께 웃을 수 있는 것이 세상인 것이다.

일부 심리학자들은 하고 싶은 말을 다 하고 살아야 건강한 것이고 진정한 자기를 사는 것이라고 하지만 언쟁이 높아져 가는 분쟁 속에서 사용하는 충동적인 언어들은 오히려 상대에게 많은 상처를 주며 씻을 수 없는 결과를 초래할 수도 있게 되는데 이는 감당이 안 되어 내안으로 꿀꺽 삼켜버린 억압이 괴물이 되어 터져 나오는 것으로 억제의 해석만이 감당할 수 있다. 억제는 해석을 필요로 한다. 억압은 꿀꺽 삼켜 무의식에 갇혀 지내게 되어 언젠가는 증상을 동반하게 되지만 억제는 많은 사유 속에서 갈등을 분쇄하고 더 발전적인 꽃을 피우며 억울함 속에서도 견딜 수 있는 힘을 준다. 화산폭발의 분출이 주변을 초토화 시키듯 억압의 분출은 주변 사람들을 깜짝 놀라게 만든다. 그런 사람인 줄 몰랐다? 그러나 그게 그 사람이었던 것이다. 보이는 것만이 그 사람은 아니다. 보이지 않는 무의식의 영향으로 살아가는 인간이라는 것을 실감하게 되는 것이다. 소통의 중요성이 여기서 나오게 된다. 누가 내 말을 들어주지 않고, 비난한다거나 판단을 하면 입을 다물어 버린다. 더 이상 판단과 비난을 받고 싶지 않기 때문이다. 언어화가 잘 안 되는 이유가 바로 여기 있는 것으로 대화를 할 때는 서로의 경청은 물론 심판

관의 역할을 하려들지 말고 상대방의 입장에서 듣고 이해하며 공감으로 갈 수 있어야 한다. 과정 없이 활짝 피는 꽃은 없다. 많은 과정을 거치는 노력 끝에 활짝 웃을 수 있듯이 대화의 꽃도 그러하다. 서로를 인정하고 들어주는 것이 구조화 되면 많은 대화를 편안하게 나눌 수 있고 대화 속에서 환희의 희열을 맛볼 수 있는 행복감을 경험하게 된다. 말을 할 수 있다는 인간만의 축복이 바로 여기에 있다.

Ⅲ. 이혼

나의 한계는 여기까지

인생을 살아가는 동안 사람들은 때때로 위기(crisis)를 맞게 된다. 누구든지 예상치 못한 크고 작은 문제들이 생겨난다. 부부로 출발하고 시작하면서 이혼을 생각하는 커플은 없다. 다만 살아가다 보니 분리할 수 밖에 없는 힘든 삶이 있었던 것이다. 소통의 순환 체계가 막히면 뚫고 나갈 힘도 상실하기 때문에 지쳐가는 자신을 살리기 위한 선택으로 이혼을 하는 경우가 많다. 한계에 부딪쳐 있을 때 견딜 수 있다거나 넘어갈 수 있는 힘이 있으면 문제가 되지 않는다. 절망 속에서 찾는 어떤 희망도 보이지 않음이고 문제에 대한 답을 찾을 수 없을 때 이혼이라는 결론을 내리게 된다. 내일 떠오르는 태양은 이미 지워버린 절망 속에 갇혀 있기 때문에 칠흑 같은 밤이 지나면 새벽이 온다는 사실은 믿고 싶지 않았기 때문이다.

1. 실망과 절망

만족을 모르면 절망만 가슴에 안는다

의식(Consiousness)의 확장은 정신분석을 통하여 이루어져 간다. 분석을 통해서 보는 시각이 달라질 뿐만 아니라 폭넓은 해석을 할 수 있기 때문이다. 만물의 영장인 인간(the lord of (the) creation)은 이 세상의 모든 것을 바라보는 눈이 열려져야만 한다. 우물 안 개구리 식으로 보는 좁은 시야를 넘어 더 큰 세계를 볼 수 있어야 한다. 부분만 보는 것이 아니고 전체를 볼 수 있을 때 길이 보이고 문제의 실마리를 풀어갈 수 있는 안목이 생긴다. 인생이 반복적으로 힘든 문제를 맞이하고 있다는 것은 무엇인가 보지 못하고 있는 어떤 일들이 존재하기 때문이다.

1) 만족이 없는 행복

실존 인간의 한계는 현재만을 바라보며 부족한 부분을 채우고 나서야 행복을 느낄 수 있다고 믿는 것이지만 미래를 희망하는 희망의 삶은 최선을 다한 오늘을 살며 미래에 원하는 것을 터득하는 능동적인 인간으로 나아가게 한다. 만족의 터득은 나 자신으로부터 온다. 늘 불만이 많은 사람은 모든 것이 다 불만으로 작용한다. 만족이 없는 행복은 없다. 행복은 만족할 때 오는 것이 아니라 자족할 때 따라오는 것으로 자본주의 사회에서 물질적인 부요를 누리고 있는 사람들에게만 행복이 있는 것은 아니다. 지금 내가 가지고 있는 것들을 보라. 내 주변에 있는 사람들을 보라. 무탈하게 잘 자라주는 자식이 있는 것을 보라. 오늘 나는 내가 하고 싶은 것들을 할 수 있어 감사하지 않은가? 감사는 내가 찾아 낼 때 비로소 문을 열고 나와 웃어 준다. 작은 것으로 부터 감사하며 행복해 할 수 있는 사람은 일상의 행복을 맛보며 살아갈 수 있다. 행복의 씨앗을 심어가는 사람은 행복의 열매를 거둘 수 있게 되지만 지금 내게 없는 것을 탓하고 큰 것만을 기대하며 나아간다면 그것을 얻기까지 행복한 삶과는 거리가 먼 비운의 주인공으로 남게 된다. 꿈을 꿀 수 있어 좋은 것은 아직 내게 없지만 내게 와줄 미래를 생각하며 행복할 수 있어야 한다. 희망이 있기에 인간은 성장발전할 수 있는 것으로 하루하루가 무의미하고 허전한 것 같은 느낌이 든다면 지금 내가 가지고 있는 많은 것들을 헤아려 보자. 갖고 있는 것들이 보이지 않고 더 큰 것들만을 보고자 하는 탐심의 자아는 허기져 간다.

H씨의 사례: "결혼하고 처음에는 공주처럼 살았어요. 그 당시 남편 명으로 60평 되는 아파트도 있었고, 안정적으로 결혼

생활을 할 수 있겠다 싶어서 결혼을 했어요. 그때는 일 도와주는 사람도 곁에 두고 지낼 정도로 넉넉한 생활을 했죠. 그런데 지금은 작은 아파트에서 살고 있고, 남편은 저와 아이들한테 관심도 없고, 이혼하고 싶어도 아이들 때문에 이혼을 못하겠어요."

H씨는 재력을 잃은 것이 남편의 무능력 때문이라고 생각하며 자신과 아이들을 불행하게 만들고 있는 사람으로 여기고 있다. 대부분 누구나 분석 초기에는 대상 탓을 하며 자신의 감정을 풀어내기 시작한다. H씨는 미래 삶에 대한 불안과 현재 상황을 극복해 나갈 수 있는 길이 보이지 않아 남편을 탓하며 살아가고 있으나 사실은 자신의 무능력을 탓하고 있는 것으로 현실의 난관을 극복해보려는 생명의욕보다는 안주하고 싶어 하는 내면을 의식하지 못하고 있어 현실의 어두움은 더욱 짙게 내리고 있는 것이다. 경제적인 문제로 소중한 가정을 깨려는 생각은 자신의 미래가 보장되지 않는 불안 속에서 나온다. 살고자 하는 본능적인 반응이 걸러지지 않으면 쉽게 내리는 결정으로 실수를 하게 된다. 가정경제를 남편만 책임져야 한다는 생각과 자녀양육은 아내가 책임져야 한다는 사고의 시대는 지나갔다. 부부가 함께 가정 경제를 책임지고 이끌어가야 하는 현대사회의 각박함 속에서 살아내야만 하는 정신력이 가정을 안정으로 이끌어 준다. 의식 없는 무모(無謀)함은 대상 탓을 하게 되지만 깨닫는 성장은 자신을 돌아보고 반성하며 삶의 패턴을 바꾸려는 노력을 시도한다.

현대인들은 빈익빈(貧益貧) 부익부(富益富)의 인생을 살아가고 있다. 서민들은 집 한 채가 없어서 서울 근교를 벗어난 곳에 집을 얻어놓고 왕복 4시간이 넘는 거리를 오가며 직장생활을 하고 집이 있는 사람들은 대출을 얻어서라도 또 한 채를 더 사놓으면 돈이 돈을 버는 시대를 살아가고 있다. 가진 자는 없는 사람의 고충을 이해할 수 있어야 하고 못 가진 자는 집을 가진 행복도 잠시라는 사실을 미리 알고 지낼 줄 아는 지혜가 필요하다. 무엇이든 갖고 나면 별것 아닌 것을 갖지 못했을 때는 깨닫지 못하고 서러움 속에서 온 세상의 불행을 짊어진 인생을 살아간다. 이 세상에 내 것은 하나 없다. 잠시 사용하다 놔두고 가는 것일 뿐으로 영원히 내 것이라고 생각하는 순간 눈을 감을 수 없는 죽음을 맞이하게 된다. 오늘은 오늘로서 만족하자. 내일은 내일 가서 생각하고 오늘 하루에 감사하며 내일을 준비해 나아갈 때 미래의 행복은 나를 보고 웃어준다. 인생은 부분만 보는 것이 아닌 전체를 볼 수 있는 안목이 열릴 때 비로소 통합된 내일을 기약할 수 있다.

2) 희망이 없는 절망

키에르케고르(Kierkegoard)는 "죽음에 이르는 병"이라는 희망이 없는 삶을 말하고 있다. 절망이 문제가 아니라 희망 없음이 문제라는 것이다. 부부가 살아가면서 모든 것을 포기하고 싶어질 때, 함께 바라볼 수 있는 희망의 빛이 있다면 내일을 기약하고 인내하는 삶으로 나아가지만 실낱같은 희망도 보이지 않을 땐 절망에 먹혀 버리는 것이며 그것이 인간의 나약함이다. 요한 크리스토톰은 "우리를 멸망에 빠뜨리는 것은 죄라기보다는 절망이다"라고 한다. 절망은 멸망으로 우리를 인도한다. 그러한 절망 속에서 인간은 구원자를 찾게 된다. 의미를 찾고 그 길을 걸어가는 사람은 절망 속에서도 붙잡을 수 있는 의미가 있어 살아갈 수 있게 되지만 의미를 상실한 절망은 희망을 포기한 채 오직 절망 속에 갇혀 지내게 된다. 절망 속에 지내는 부부는 이혼을 생각한다. 가도 가도, 해도 해도 안 된다는 생각이 포기를 끌어안게 되기 때문이다. 둘 중 누군가 하나는 비우는 채움을 터득해야 하고, 목적을 향한 걸음을 걸어갈 때 부부관계는 회복될 수 있겠으나 대부분 많은 사람들이 이러한 상태에 이르면 자기 채우기도 급급한 상황 속에서 비움의 미학은 부질없는 사치이론쯤으로 넘겨버리기 쉽다.

구강기적 만족이 없는 사람은 행복을 손에 쥐고 있으면서도 보지 못하고 느끼지 못하며 내게 없는 다른 사람이 가지고 있는 것을 욕망하며 절망만을 가슴에 끌어안고 살아가게 된다. 내가 원하는 것은 무엇이며 그가 원했던 것은 무엇일까? 만족을 몰랐던 삶은 나만을 위한 이기심이 나오게 된다. 어린 시절 부족한 사랑으로 늘 허기졌던 생의 아픔은 부부가 살아가면서 얼마든지 극복할 수 있는 채움이 될 수 있다. 부부싸움의 근원은 채우고 싶었던 것들의 부족함 때문에 생겨난다. 본능적인 욕구들이 충족되면 심리적인 평안함이 오기 때문에 가정이 화목하고 긴장은 멈추지만 갈증이 계속되는 불편함 속에서는 허기를 채우기 위한 행동들이 끊임없이 반복된다. 허기진 자아는 자신만을 생각할 수 있기 때문에 대상을 돌아보지 못하며 희망이 버거워 희망을 희망할 수가 없다. 목적지인 가나안을 곁에 두고 다시 애굽으로 돌아가고자 했던 이스라엘 백성들의 절망은 광야에서 죽음을 맞게 되었듯이 절망에서 희망으로의 도약이 쉬운 것만은 아니지만 길이 보이고 아는 사람들에게는 희망을 목적하며 절망에서 가나안을 이루어 낸다. 절망에서 희망을 향한 발버둥을 치지 않으면 이혼이라는 늪에서 빠져 나오기란 쉽지 않다. 세상살이가 모두 쉬운 것만은 아니듯이 희망으로 향하는 걸음이 쉽지만은 않다. 하지만 희망을 놓지 않을 때 비로소 희망은 화해의 축복을 안겨준다. 포기하는 순간 모든 것을 놔버리게 되지만 끝까지 쥐고 포기하지 않으면 결국 내가 원하는 것이 되어주기 때문이다. 사랑을 한 순간에 내려놓으면 그 사랑은 영원히 볼 수 없게 된다. 그러나 가려진 사랑이지만 포기하지 않을 때 다시 내 곁으로 와주는 사랑 속에서 감사할 수 있게 되는 것이다. 모든 선택은 내게 있다. 득(得)과 실(失)도 내가 선택하는 것으로 나의 결정이 가져다 줄 결과를 미리 알고 깨닫는 지혜가 있어야 한다.

2. 탓, 너 때문이야

자유에는 책임이 따르게 된다

사람들은 자신이 위협받는 상황이 오면 무의식적으로 방어하며 상황을 다르게 해석한다거나 자신을 속여 감정적 상처로부터 스스로를 보호하는 행위를 자연스럽게 나타낸다. 자신의 성향이나 특성들을 무의식적으로 다른 사람에게 그 원인을 돌리는 심리적 기제는 일종의 방어기제로 이는 나를 보지 못하고 대상을 보며 탓하는 경우를 말할 수 있겠는데 많은 사람들이 투사(projection)를 하며 살아간다. 인간관계 속에서 대상 탓을 하기 시작하면 문제 해결이 어려워지고 커져 가는 갈등 속으로 휘말려 들어가게 된다. 너 때문에 내가 결혼을 결정했다고 해도 그것은 내가 선택한 것이다. 또한 부모가 결혼을 하라고 해서 했다고 해도 거기엔 내 선택이 있으므로 문제들 속에서 자신을 돌아보며 왜 이런 일이 생겼는지 원인들을 분석해 보아야 한다. 그러한 자기분석의 습관은 많은 갈등을 잠재운다.

1) 내 선택을 인정하고

자기 자신에 대한 믿음과 신뢰가 있는 사람은 자기 선택을 존중하고 선택에 대한 책임을 지며 살아가지만 내면의 상처가 많은 사람은 내적 대상들의 이해할 수 없는 투사를 하고 대상을 탓하며 살아가게 된다. 상대방을 탓하며 살아간다는 것은 서로를 힘든 관계로 몰아가기 때문에 관계에 있어서 자주 불편한 일들이 자꾸 생겨난다. 영국의 정신분석가 페어베언(W. R. D. Fairbairn)은 내적대상을 말한다. 이는 나쁜 대상으로 이린 시절 양육자의 나쁜 이미지를 통제하기 위해 내재화 한다는 것으로 어머니를 내 마음대로 할 수 없으니 나쁜 어머니를 차라리 내 안에 넣는 것이 낫겠다고 여기는 심리적기제인 것이다. 투사는 바로 이런 것으로 나쁜 내적 대상을 내 안에 넣어놓고 그것을 현실 대상에게 투사하다 보면 그 대상은 영문도 모른 채 알 수 없는 갈등을 겪어야 하는 것이다. 내 앞에 있는 그 사람은 내 안에 들어와 있는 그 사람이 아니므로 생각 속에서 해석하고 분리가 이루어져야만 한다. 그것이 의식되지 않으면 끝도 없이 반복적이고 부정적인 투사와 내사가 지속되므로 본인도 대상도 괴로운 인간관계를 지속하게 되는 것이다.

내면화된 것들은 언젠가는 밖으로 나오게 되어 있다. 투사가 심할 경우 행복했던 시간들이 무색하리만큼 서로의 관계 속에서 말과 행동들이 바뀌기 시작한다. 이때 중요하게 생각해봐야 할 것은 내가 현실을 제대로 보고 있는 것인지 아니면 내안의 것을 투사하고 있는 것인지 해석해 보아야한다. 인간은 종종 내면화된 어떤 것들을 현 대상에게 덮어씌운다. 그로인해 분열이 시작되고 투박한 언어가 오가고 행동화 기제가 나오기 시작하면 부부생활에서도 '너 때문에 못살아' 하면서 서로의 탓을 하기 시작한다. 하지만 그 탓은 바로 내안에 내재화된 어떤 것이라는 것을 스스로 깨달아야만 한다. 문제와 상처가 없는 사람은 없다. 과거 상처와 아픔들은 현재의 마음을 흔들어 놓지만 지혜롭게 대처하며 과거에 흔들리지 않고 이를 해석해 낼 수 있어야 한다. 생각에 따라 상황은 달라질 수 있다. 부정적인 해석은 부정적인 상황을 만들고, 긍정적인 해석은 긍정적인 상황을 만들기 때문이다. 대상이 하는 말을 어떠한 생각으로 들었는가에 따라서 관계는 달라지듯이 언제나 문제가 되는 것은 내안에 들어있는 어떤 것들이다.

대화의 첫걸음은 상대방의 이야기를 잘 들어주는 것에서부터 시작된다. 상대가 감정이 복받쳐 있을 때는 끼어들지 말아야 한다. 조언을 해준다는 것이 오히려 감정을 더 상하게 만들 수 있기 때문으로 조용히 끝까지 잘 들어주며 그 감정을 잘 풀어 낼 수 있도록 상대방의 입장에서 공감하며 기다려 주어야 한다. 그런 다음에 내 생각과 감정과 느낌을 전하는 습관이 중요하다. "네가 그랬으니까 그런 거잖아"가 아니라 "많이 힘들었고 속상 했겠다"를 말해주며 그 마음을 읽어 줄 때 공감 받는 다는 느낌 속에서 감정은 풀어지고 녹아내린다. 이때 비로소 대화는 시작되는 것이다. "그런데 있잖아, 내 생각은 이렇게 하는 것도 좋을 것 같은데"라고 말해 주면 감정이 많이 풀렸기 때문에 "그러게 그럴 수도 있겠네."하며 상대방의 말을 받아들이기 시작한다. 생각과 감정에 따라 상황은 달라진다. 말은 조심스럽게 상대방의 마음을 읽어주는 지혜로운 말을 전하는 습관이 필요하다. 오가는 말이 고울 때 갈등해결은 쉬워진다.

2) 자유에 따르는 책임감

인간에게 있어서 자유(自由)를 자유할 수 있을 때 자유는 자유를 허락한다. 자유에 대하여 홉스(Thomas Hobbes)는 무엇이나 하고 싶은 대로 다 할 수 없다고 말하고 있으며 칸트(Immanuel Kant) 또한 자유란 무엇이나 하고 싶은 대로 다 할 수는 있는 것이 아닌 인격성을 가진 존재로 도덕적 행위를 할 수 있는 것이라는 점에서 또 하나의 의미를 발견했던 것을 볼 수 있다. 자유에는 책임이 따른다. 도덕성을 가진 인간으로 살아가는데 있어서 기본적인 진리를 거스르는 행위는 스스로를 처벌하는 것이 될 수 있기 때문이다. 마음상태에 따라서 일의 결정은 달라질 수 있다. 조석지변(朝夕之變)이란 말이 있듯이 사람의 마음은 아침저녁으로 변한다. 어쩌면 그 보다 더 자주 바뀔 수도 있는 것이 인간의 마음이다. 어떤 생각을 하고 있는가에 따라서 좋고 나쁨으로 생각할 수 있게 되는데 이분법적인 흑백 사이에는 총천연색들도 있다는 것을 명심하자. 좁은 시야 속에서 얻어내는 답보다는 넓은 의식 속에서 얻게 되는 답이 지혜로울 수 있기 때문이다. 무엇이 들어갔는가? 그것이 나오게 되는 것이다. 부모가 많이 다투는 모습을 보고 자랐으면 그 패턴에 익숙해져있어 자신도 모르게 싸움모드로 간다. 하지만 부모가 대화를 통해 풀어가는 모습을 보고자란 자녀들은 어떠한 문제든 대화를 통해 풀어가며 커다란 문제도 어렵지 않게 해결해 나가는 모습을 보며 어떠한 상황에서도 인내하며 살아가는 것을 배우게 되는 것이다.

사람들은 사랑의 유효기간이 3년이다, 3개월이다 라는 말들을 하며 농담처럼 웃곤 한다. '너 없이는 못살아'하는 시기의 강렬 경험은 사라지고 은은한 관계로 나아가게 되는 것을 유효기간이 지난 것처럼 받아들인 것이다. 이때 애착관계 형성이 잘 안된 부부는 믿음과 신뢰가 약한 탓에 불안한 마음을 잠재우려 배우자로부터의 사랑을 끊임없이 확인하며 서로가 피곤한 삶을 살아간다. 그러나 오랜 시간 고운 정을 들이며 살아가다 보면 안정된 심리 상태로 균형 잡힌 부부관계를 지속하며 건강한 가정으로 이끌어 갈 수 있게 된다. 부부가 결혼을 하면 고운 정을 쌓는 기간을 갖는 것도 중요하다. 결혼하고 바로 아이를 갖는 것보다는 둘만의 시간을 보내며 서로를 깊이 알아가는 과정 속에서 사랑은 더욱더 성장하기 때문이다. 아이가 일찍 태어나면 아이에게로 온통 신경을 써야 하기 때문에 배우자는 뒷전이 되어버리는 경우가 많아 소원해지다 보면 섭섭한 마음이 드는 것은 당연하다. 아기가 예쁘긴 하지만 인간의 마음은 어쩔 수 없다. 부부는 이자관계로 서로에게 엄마의 역할을 기대한다. 이는 최초 엄마와의 2자 관계가 내재화 되어 있기 때문에 갖게 되는 자연스러운 현상이다. 사랑을 주고받으며 몸과 마음을 함께 나누는 시간 속에서 안정된 가정은 탄생된다.

오랜 시간 함께 지내다보면 부부 뿐만이 아니라 모든 인간관계 속에서 자기 안에 있는 것들이 올라오게 된다. 이슈와 이슈의 만남은 자신 뿐 아니라 대상과의 관계 속에서 자주 부딪히는 일을 만든다. 특히 아이를 양육하면서 많이 생기는 일들이 힘들고 피곤하기 때문에 대상을 생각할 수 있는 여력이 없어져 짜증이 동반된 생활이 잦아진다. 이때 조심해야 할 것이 행동화인데 소리를 지른다거나 물건을 집어던지는 등의 행동은 부부의 긴장은 물론 아기에게 집안 공기가 다 들어가게 되므로 갈등을 언어화로 조용조용히 풀어나가는 습관을 들여야만 한다. 결혼생활은 자유를 주는 공간이 아니다. 자유롭게 선택을 했다고 해서 그러한 자유가 사는 날 동안 지속될 것이라는 생각은 진정한 자유를 기만한 것이 된다. 자유는 그럼에도 불구하고 모든 책임을 지고 나아갈 때 내게 주어진다. 끊임없는 변화를 선택하는 삶은 가정의 공기를 환기 시켜 나갈 수 있다. 하지만 변화를 두려워하거나 변화하지 않으려 한다면 가정 내의 공기는 서로를 질식시킨다. 가정은 내 안의 것을 갈고 닦을 때 의식된 성장 속에서 평안한 삶으로 나아가게 되는 것이다. 자유는 변화로 나아가는 삶 속에서 얻어지는 것이기 때문이다.

3. 욕망의 갈등

무의식적 갈등과 현실과의 괴리감

결혼을 하고 아이를 키우다 보면 누구에게나 찾아오는 육아 부담이 있다. 현실 적응이 잘 안 되는 상황 속에서 더러는 우울감에 빠지기도 하는데 그것을 이겨내며 아이를 키워내는 것이 모성이다. 나풀거리며 가볍게 지냈던 지난 시절이 그립고 슬며시 다시 돌아가고 싶은 마음에 울적함이 밀려들기도 한다. 하고 싶은 것을 하지 못하고 이루고 싶었던 것을 잠시 내려놓고 인내하며 정성을 다해 키워내는 우리의 어머니들은 위대한 존재다. 그런 어머니를 배우며 같은 길을 걷게 되는 자신도 훌륭한 삶을 살아내고 있는 것이다. 해야 할 일을 미루고 아이만 키우고 있는 것 같은 마음이 들고 현 삶은 내 편이 아닌 것 같은 무거운 마음으로 하루하루를 살아가지만 그 끈을 놓지 않고 걷는 걸음 속에서의 수고와 인내는 머지않아 기쁨의 열매로 돌아온다.

1) 흩어지는 대상놀음

현대를 살아가는 모든 사람들은 누구나 할 것 없이 저마다의 긴장과 스트레스를 감내(堪耐)하며 살아간다. 어려움을 이겨내고 견디면서 순화 시켜 나아가는 과정 속에 밖을 내다보면 자극하고 유혹하는 대상들이 많다. 허한 가슴을 읽어내며 무엇인가 부족하다고 느껴질 때, 채우고자 하는 욕망을 순화 시키지 못하면 그 대상의 노예로 전락할 수밖에 없다. 유혹은 언제나 달콤하게 다가온다. 천하를 다 얻을 것 같은 권력을 주겠노라고, 기장 원초적인 욕구를 겨냥히며 능력을 드러내기를 충동질 한다. 뜻을 향해 길을 걸을 때 그 뜻을 흐트러트리는 유혹은 성장을 무너뜨리고 방해한다. 길이 보이지 않을 땐 냉큼 받아먹을 수 있겠으나 유혹을 뿌리칠 수 없었다면 인류의 구원은 없었을 것이다. 뜻이 있고 길을 아는 자의 걸음은 주변을 바라봐도 흔들리지 않고 자기의 길을 걸어가지만 자기 목적이 없는 사람은 상황에 붙들리고 대상에 붙들려 허다한 시간을 낭비하며 살아간다.

길이 보이지 않을 때, 마음의 법이 세워져있지 않을 때 인간은 쉽게 유혹 속으로 빨려 들어간다. 고지를 향하는 목적 있는 삶은 손짓하며 다가오는 대상들을 걸러 내지만 목적 없는 걸음은 주변만 바라보고 있기 때문에 내 삶에 달라붙어 있는 것들을 걸러내지 못하고 인생을 낭비하며 살아간다. 표면만 바라보고 쉽게 생각했던 늪은 빠져들면 들어갈수록 헤치고 나오는 것이 어렵기 때문에 항상 스스로를 돌아보는 깨어있음이 필요하다. 생명으로 나아가는 길은 도약의 전진으로 한 인간을 성장으로 이끌고 가지만 죽음충동이 이끄는 길은 무기력의 열매를 안겨주기 때문이다. 가정을 돌보며 자기 뜻을 펼쳐 나간다는 것이 쉬운 것만은 아니지만 포기 하지 않고 꾸준하게 한걸음 두 걸음 나아가는 성장의 발길 속에서 자신의 길도 열리고 안정된 가정을 이루게 된다.

인간 삶의 정석은 언제나 겸손하게 사랑과 섬김의 자세로 살아가는 것이다. 현실의 불안정한 구조 속에서 길이 보이지 않을 때 쉽게 흐트러진다. 긴장을 어떻게 풀며 살아가는가를 보면 그 사람을 알 수 있다. 김여환은 "긴장의 창조적 역학을 통한 자기 성장에 관한 연구"에서 억압→방출→억제→활용→창조의 도식(圖式)을 통하여 가치 있게 살아가는 인생의 방향을 제시했다. 억압은 증상을 만들고 방출은 에너지를 손실하게 되지만 견디고 억제하는 정신은 감정의 에너지들을 활용하며 창조적인 삶으로 나아가는 것으로 방출에서 손실되는 에너지를 잡아야 한다. 에너지의 방출 순환도 필요하지만 적당히 사용하며 실속 있게 사용할 줄 아는 자아는 창조물과 함께 성장해 나가는 자신을 바라보게 된다.

2) 에너지를 모아주는 채널

부부가 함께 살아가면서도 가정이라는 공동체에서 살고 있기는 하지만 개인의 발전과 성장을 향한 목표점을 가지고 살아가는 삶의 자세는 매우 중요하다. 인간 삶이 항상 좋을 수만은 없기 때문으로 각자의 목표를 향한 걸음이 부부의 갈등과 긴장을 완화시켜 줄 수 있는 좋은 수단이 되기 때문이다. 할 일이 없고 시간이 많을 때 사람들은 쓸데없는 생각들을 하며 일거리를 만들게 되지만 목적이 분명한 인생은 곁눈질할 틈이 없어 시간을 낭비하지 않는다. 인간은 대상들과 함께 무엇인가를 이루면서 합력하면서도 하지만 개인 주체의 삶으로 나아가는 것을 게을리 하지 말아야 한다. 모든 사람들이 각자 자기의 맡은바 임무를 성실히 해낼 때 자기 자신의 삶은 물론 가정과 사회 나라와 민족이 안녕하고 질서 속에 돌아가는 우주의 일체를 이루게 되는 것이다.

일찍이 꿈을 찾아 목표를 향해 가고 있을 때 인간은 안정된 삶을 살아가지만, 하고 싶지 않은 일을 하며 지내게 되면 만족감이 없고 힘든 일이 배나 더한 스트레스와 갈등으로 개인의 삶을 흔들어 버리게 된다. 꿈을 이룬다는 것에 대하여 사람들은 어린 시절에만 고민하는 어떤 것이라고 생각하기 쉽다. 하지만 개인의 욕망 속에 감추어둔 씨앗은 자꾸 밖을 향해 나아가 성장하고 싶어 하므로 그것을 의식하기 전에는 타는 듯한 갈증만 더해진다. 에너지를 모아주는 나의 할 일을 찾아야만 한다. 대상놀음은 에너지를 흩뜨린다. 아이들을 키우다 보면 자신의 삶은 접어두고 모든 에너지를 아이에게로 향하게 되는데 이때 명심하고 조심해야 할 것은 자신의 인생을 잘 살아가는 것을 보여주는 것이 필요할 뿐이라는 것을 명심해야만 한다. 내 아이는 내가 만들며 나아가는 것이 아니라 그 아이가 이미 갖고 태어난 것들을 이루며 갈 수 있도록 지켜봐주는 것이기 때문이다.

I씨의 사례: "내가 뭘 그렇게 잘 못 했는지 모르겠어요. 너무 예뻐하며 키운 것이 왜 지금에 와서 이렇게 문제가 되어야 하는지도 모르겠고, 지금 나이가 몇 살인데 언제까지 저렇게 지내게 될지 생각만 하면 너무 속상해서 미칠 것만 같아요."

I씨는 눈물을 닦으며 자신의 과거를 돌아보고 있었다. 사회생활을

해나가야 할 딸이 대학교도 다니다 말고 무의미한 시간들을 보내고 있기 때문이다. 최고의 대학을 꿈꿔왔던 딸은 지방대를 다니고 있는 자신을 감당할 수 없었다. 부모님의 꿈을 만족시켜 주기 위해 노력해 봤지만 이상과 현실의 괴리를 감당할 수 없는 딸은 스스로를 방어하며 분노 표출을 하고 있었다. 하나밖에 없는 귀한 딸을 누구보다도 지극정성으로 키웠을 부모님의 마음과 강렬한 에너지를 보내는 어머니의 딸로 자라온 두 모녀의 고충을 볼 수 있었던 사례로 자녀를 키움에 있어서 어린 시절에 너무 많은 통제로 손을 대 놓으면 자녀가 성장하여 힘이 생겼을 때는 말을 잘 듣지 않게 되므로 가족 모두가 힘들어진다. 아이는 이미 스스로 존재하는 자여야 한다. 부모의 것을 집어 넣어주려 하기보다는 고유한 자기를 살아갈 수 있도록 돕는 것이 부모 역할이며 고유한 자기를 살려낼 수 있도록 지켜봐주고 응원해 주는 것이 부모가 해야 할 양육방법인 것이다.

4. 분노와 증오의 폭발

엉켜진 갈등의 말이 주는 상처

사유체계의 유연한 해석능력의 발달이 이루어지지 않으면 쉽게 행동화로 가는 경우가 많아진다. 무엇이든 한 번 더 생각하고 문제를 해결하는 습관을 들이는 것은 고민했던 만큼 후회 없는 결론을 낼 수 있기 때문이다. 좋은 구조가 자리 잡게 되면 인생의 실수도 그만큼 줄어들게 된다. 습관처럼 무서운 것은 없다. 굳어져 버리면 다시 바꾸기가 쉽지 않기 때문에 무엇이든 처음시작이 매우 중요하다. 심은 대로 거두는 법칙은 언제나 변함이 없다. 인생 초기부터 발달된 사유의 언어화로 소통을 하는 좋은 습관들은 인생을 윤택하게 해주며 풍요로운 삶으로 인도한다.

1) 쌓아놓은 억압의 분출

'내가 그동안 얼마나 참고 살아 왔는데', '가만히 있는 사람을 왜 건들이냐고'. 참고 살아가는 것은 한계가 있다. 때가 되면 더 무서운 괴물이 터져 나오기 때문이다. 고함을 치고 소리를 지르더라도 차라리 싸우는 것이 억압의 분출보다 나을 수 있다. 부부가 살아가면서 의사소통이 잘 안되고 다툼이 시작되면 일방적으로 한쪽에서 참든지, 아니면 둘 다 입을 다물어버리든지, 서로 질세라 끝까지 싸우는 커플들이 있다. 싸움은 또 다른 방식의 대화 형태로 입을 다물고 있는 것보다는 그래도 상대방의 마음을 읽을 수 있는 계기가 되기도 한다. 입을 다물고 자기 생각 속에 갇혀 있으면 상대방이 무슨 생각을 하는지 알 수 없을 뿐만 아니라 일방적인 혼자만의 생각들은 관계에 있어서 불편한 오해만 키워가게 된다. 모든 것은 생각으로부터 시작된다. 축복도 저주도 생각으로부터 오는데 어떤 생각을 불러 오는가에 따라 현상은 달라지게 되어 있다. 생각은 자유다. 하지만 그 범위를 벗어나지 말고 지혜롭게 생각해야만 한다. 다툴 수 있다는 것은 그래도 희망이 있다. 분노와 사랑은 동전의 양면처럼 분노 속에도 사랑이 존재하기 때문이다.

대상관계가 힘들어지는 것 중 하나는 상대방의 말이 자신도 모르게 훅 들어오는 것을 억압하고 웃어넘기며 잘 놀다가 집으로 돌아가며 되새기는 곳에서 문제가 생기기 때문이다. 사유체계의 발달과 내면의 건강은 그런 문제들을 잘 해석하고 풀어내며 나아갈 수 있겠지만 훈련이 안된 습관들은 억압하고 무의식으로 삼켜버린다거나 밖으로 풀어내는 습관으로 간다. 무의식에 저장되었던 것들은 때가 되면 증상으로 나타나 왜곡된 자신의 신념체계를 만들어 정상적인 현실을 볼 수 있는 눈을 가리게 된다. 그래서 사람들은 싸우게 되는 것이다. 현실적인 판단이 각각 다른 것은 내면에 어떤 것들이 들어가 나를 구성했는가에 대한 결론이므로 나와 다른 생각을 받아들이지 못해서 충돌이 생기기 때문이다. 내 생각과 네 생각이 다른 이유가 거기에 있는 것이다. 무의식속에 들어있는 수많은 역사를 한순간 바꾸기란 쉽지 않다. 대상관계는 서로 다름을 인정하고 살아갈 수 있어야 한다. 인정이 안 된다는 것은 그만큼 뿌리 깊은 자신의 역사 속에 갇혀있다는 것으로 더 깊은 내면의 성찰이 필요하다.

프로이트가 말하는 '무의식 의식화'라는 회복의 과정은 억압되어 내면에 쌓아둔 것들에 대한 재해석을 통하여 문제를 해결해 나가는 것으로 의식화의 깨달음은 증상을 제거하고 스스로를 살리는 계기가 된다. 해석이 인생을 이끌어가므로 다양한 해석 속에서도 자신을 일깨우는 것은 물론 도움이 되는 말씀들이 길을 안내하고 인도하므로 정신분석은 서로에게 유익함을 주는 해석이 될 수 있다. 해석은 감정을 정리할 수 있게 해준다. 분노와 증오, 불안과 공포는 물론 근본적인 수치심과 열등감을 서서히 해결 하며 나아갈 수 있기 때문에 폭발을 하는 것이 아니라 자신과의 대화 속에서 고통과 함께 하지만 정신 성장으로 나아갈 수 있게 된다. 감정을 자제할 수 없을 때 내 뱉는 말들은 대상을 죽이는 말들이며 대상을 죽이면 자기 자신도 죽게 된다는 사실을 모른 채 자기애적 격노를 터트리는 무분별함속으로 빠져들어서는 안 된다. 세상은 함께 살도록 되어 있는 것으로 혼자 남은 인생은 외로움과 고독의 친구로 살아가게 된다.

2) 남는 것이 없는 방출

들끓는 마그마의 압력을 이겨내지 못한 방출은 그리스 고대 로마도시 폼페이(Pompeii)를 날려버렸다. 마그마가 쌓이고 쌓여 압력을 넘어서면 화산이 폭발하듯이 인간의 내면에 억압된 감정의 순환이 잘 되지 않으면 방출을 하게 된다. 견딜 수 있도록 해석이 뒷받침 되지 않는다면 쏟아내야만 하기 때문이다. 폭발은 쉽고 시원하다. 고통을 끌어안는다는 것은 힘들 수 있으나 내면이 힘든 만큼 밖은 조용하다. 대상관계는 나로부터 시작된다. 갈등 시 둘 중 누구 하나라도 언어화를 통하여 성숙하게 문제의 실마리를 풀어갈 수 있을 때 관계는 지속되지만 둘 다 밖으로 방출을 하고 있다면 갈등이 풀어지는 것이 아니라 오히려 서로에게 상처를 주며 돌아서게 된다. 올라오는 감정을 다스리지 못하고 소리를 지르며 폭언을 한다든지 물건을 집어 던지는 행동화들은 풀어 놓는 그 당시에는 시원할 수도 있겠지만 더 큰 힘듦을 자처하는 것으로 그 구조가 반복되면 더 심한 폭력으로 발전해 간다. 모든 것은 나로부터 시작된다. 다스려야 할 것은 자신의 내면인 것으로 자신과의 싸움을 이겨 내야만 한다.

부부가 살아가면서 특히 조심해야 하는 것이 말이다. 편하고 가까울수록 관계 예절을 지키며 대화를 나눌 수 있어야 한다. 감정을 주체하지 못해서 오물을 다 밖으로 배출해 버리면 옆에서 듣는 사람은 힘들기 마련이다. 상대방의 단점을 지적하며 아픈 곳을 헤집는 말을 하면 할수록 관계는 어긋나고 깨지게 된다. 이러한 사람들의 공통점은 주변에 사람이 없다는 것이다. 함께 있으면 힘들기 때문에 대상들이 다 도망가버려 막상 본인은 대상을 찾아다니는 서글픈 사람이 된다. 인간관계가 서툰 사람들일수록 관계가 깨지는 것을 두려워하여 대상의 말이나 행동에 민감하게 반응하게 된다. 대상관계는 은은한 것이 좋다. 있는 듯 없는 듯 분화되어 있는 편안한 관계가 오래 지속되기 때문이다. 강렬은 더한 강렬을 원한다. 이는 바닷물을 들이 키듯이 대상에 대한 갈증이 더 심해지므로 적절하게 관계하며 살아가는 습관이 구조화 되어야 한다. 이 모든 것들은 허약한 자아로부터 시작된다. 건강한 자아는 화가 날 때 감정을 잘 담고 있을 수 있으나 자아가 약하면 담고 있을 수 없기 때문에 터져 나오게 된다. 단단한 자아의 역할은 한 인간을 세상에서 지탱하며 살아갈 수 있도록 하고 많은 역할을 담당하며 살아가게 하므로 건강한 자아로 살아가기 위한 노력이 필요하다.

건강한 자아는 환경이 만들어낸다. 부모의 사랑과 안정된 가정환경 속에서 몸과 마음이 건강하게 자라날 수 있기 때문이다. 건강한 자아는 부족함이 있어도 세상에 대한 아쉬움이 없다. 스스로를 잘 컨트럴하며 지낼 수 있기 때문에 어디서든 자기 자신에 맞는 삶을 살아가고 대상관계에 적당한 시간을 쓰며 지혜롭게 대처한다. 적당한 여행이 쉼을 줄 수 있는 것이고, 적당한 친구들과의 모임이 관계를 부드럽게 해줄 수 있으며, 적당한 등산이 피로와 성취를 잊게 해주고, 적당한 수다가 억압된 감정을 풀어줄 수 있는 것으로 모든 것은 적당할 때가 좋은 것이지 과하면 문제로 갈 수 있게 된다. 가족 사랑도 적당할 수 있어야 한다. 과도한 책임감은 희생과 분쟁을 낳게 되므로 누구나 인생은 자기의 길을 걸어가야만 한다. 자기 길을 걷는 곳에다 에너지를 써야 인생의 빛을 볼 수 있게 되는 것으로 다른 곳을 보며 낭비하는 에너지를 볼 수 있어야 한다. 모든 것은 돌고 도는 것으로 적당한 쓰임으로 생성된 에너지를 통하여 자신을 세워나가고 나눌 수 있는 삶으로 나아갈 때 나와 너의 안녕과 우리의 평안을 기대할 수 있게 된다.

5. 힘없는 회피의 결론

힘든 것을 피하고 싶어 찾은 선택

어떠한 갈등이든 해결할 수 있는 답은 있다. 문제를 풀어감에 있어서 얼마만큼 갈등의 원인에 대한 문제를 인식하고 있는 가에 따라서 풀리거나 꼬이기도 하기 때문이다. 서로가 자신을 바라보며 자기 잘못을 인정하는 수준이 아니라면 계속되는 문제를 풀어가기란 쉽지 않다. 갈등으로 인하여 지친 상태에서 내적인 힘이 없을 땐 문제를 풀어가다 포기해 버릴 수 있고, 함께 살면서 겪었던 부정적인 이슈들이 많이 들어와 있을 땐 그 생각에 점령당한 상태이기 때문에 문제를 풀려고 하기보다는 회피의 결론을 내리게 된다.

1) 지옥을 벗어나고 싶어!

상담을 하며 만나는 부부들이 가져오는 문제들을 깊이 들여다보면 단순해 보일 때가 있다. 대화가 안 되어서, 늘 자기 얘기만 맞고 내 말은 들어주지 않아서, 내 마음을 공감해 주지 않아서, 결혼을 해서 살고 있는데도 외롭다는 생각이 들어서, 외도를 해서, 혼자 하는 육아부담이 힘들어서, 편집증적인 질투가 너무 심해서, 게임 중독과 도박을 해서, 폭력적인 행동을 해서, 시댁 식구들을 싫어하고 가고 싶지 않아 해서, 늘 내 탓을 하며 비난과 원망을 하는 것이 힘들어서, 집안일을 혼자만 하는 것이 화가 나서, 내가 하고 싶은 일을 하지 못해서, 스킨십을 싫어하고 섹스를 원치 않아서, 무능력하고 생활이 늘 빈곤해서, 시댁 처가 식구들의 간섭이 심해서 등의 많은 불신들을 토로한다.

이혼을 생각하고 결혼하는 부부는 없을 것이다. 출발해서 가다보니 힘겨운 일들이 생겼고, 그 힘든 일들을 풀어가는 기술들이 부족했던 것 뿐이다. 물론 많은 아픔들을 일반화 시킬 수는 없지만 상담소를 찾는 내담자들의 경우를 보면 대부분 그런 문제들로 힘겨워하는 것을 볼 수 있다. 본인에게는 엄청난 큰일들이기 때문에 해결의 실마리를 찾지 못하고 고민하며 지내게 되지만 전문가의 눈으로 볼 때는 그렇게 큰 문제만은 아닐 수도 있다. 산속에 들어가 길을 잃었을 때와 마찬가지로 방향을 가르쳐 주는 나침반 없이 길을 찾아 나오기란 쉽지 않지만 산에 대한 지식과 이론을 갖고 있다면 문제는 다를 수밖에 없기 때문이다. 이혼 위기 상황의 극복에 있어서 가장 중요한 것은 힘든 마음에 대한 공감과 위로로부터 시작된다. 힘들었던 마음을 읽어주고, 안아주는 시간의 흐름 속에서 마음이 풀어지면 갈등도 풀어지기 때문에 심리 상담을 통해서 부부관계는 다시 회복될 수 있다.

파즈딕(Fosdick)은 "실패를 하는 것은 결혼이 아니라 사람이며, 결혼 생활은 사람의 진면모를 보여주는 것"이라고 말했다. 일찍이 소크라테스는 "너 자신을 알라"라는 말을 남겼다. 자신을 알아 가면 알아 갈수록 사실 상대방에게 할 말이 없어진다. 서로에게 상처를 주는 모든 것들은 내부에 있으며 그것을 의식화 할 때 비로소 눈뜨고 깨달아지는 지혜가 생겨난다. 프로이트는 자유연상을 통한 무의식 의식화의 상담 기법으로 과거를 떠올리고 재해석하여 상처를 치유하는 놀라운 선물을 인류에게 허락했다. 인간은 무의식에 의해 살아간다고 해도 과언이 아니다. 무저갱으로 들어가면 갈수록 나 자신의 역사는 물론 부모 조상들의 역사를 발견하게 된다. 그것들로 인해 움직이는 내 존재는 또 자녀에게 대물림된다. 좋은 것은 물려주면 좋겠지만 나쁜 것을 물려주는 반복은 그만하자. 가정사역자 찰스 셀(Sell, 1997)은 "오늘의 가정 문제는 내일의 가정에서 반복된다"고 말하고 있다.

2) 피하는 결론의 반복

자아의 약함은 살기 위한 방책으로 피하는 결론을 내리며 습관화된 문제수습 패턴을 반복한다. 모든 구조는 반복되므로 피하는 결론은 피하는 구조를 만들게 되고 계속 반복적인 상황이 만들어진다. 건강한 자아는 자신에 대한 믿음과 확신을 가지고 있으며 자신을 건강한 눈으로 바라보며 긍정적인 생각과 자신감으로 희망과 함께 미래를 열어가는 도전을 하며 살아간다. 그러나 부부관계가 힘들고 스트레스와 긴장이 많은 가운데 시달리는 생활을 오랜 기간 동안 지내다 보면 건강했던 자아도 허약해질 수 있다. 허약한 자아는 상황에 휘둘리며 혼돈 속에서 바른 생각으로 가지 못하고 왜곡된 내면의 것들에 지배를 받게 되기 때문에 위험할 수 있다. 우리를 불행으로 이끌고 가는 적은 바로 과거로부터의 내면화된 상처와 아픔들이다. 내면에 속한 괴물들의 움직임은 자신과 가정을 파괴하고 사회를 어지럽히는 계략을 펼칠 수 있어 언제나 자신을 들여다보며 악령을 다스릴 수 있는 지혜가 있어야 한다. 인생은 연습이 없기 때문에 먼저 살아가는 어른들의 진솔한 말씀들을 깊이 묵상하며 받아들일 줄 알아야 한다.

J씨 사례: "어저께는 애기가 자기 어릴때 사진을 보며 '아~ 예쁘다' 하더니 '엄마 나 배속에서 무서웠어' 라는 말을 하는 거에요. 그래서 깜짝 놀랐어요. 임신 했을 때 병원 가서 애기를 지우려고도 했었거든요 그래서 의사한테 혼나기도 하고~ 지금 생각해 보면 얼마나 무모했던지!"

J씨는 오랜 기간 상담을 통하여 자신의 문제들을 돌아보게 되었고 많은 해석을 통한 의식의 확장으로 부부갈등이 안정되어져 갔다. 어린 시절 부모가 자녀에게 미치는 영향이 얼마나 큰지에 대해서 잘 알고 있는 이들 부부는 자녀양육에 많은 관심을 기울이며 딸아이를 잘 양육해 나갔다. 건강하게 잘 자라고 있는 딸은 어느 날 "엄마 나 배속에서 무서웠어"라며 무의식적 언어를 토해 내었고, 생각지도 못했던 J씨는 깊이 묻어두었던 죄책감을 털어놓으며 자신을 반성했다. 가족상담가 버지니아 싸티어(Satir)는 순기능 가정에서 자존감 높은 건강한 아이가 나오고, 역기능 가정에서 반대로 자존감 낮은 아이가 나온다고 했다. 순기능 가정에서는 부부간의 사이가 원만하고 부모와 자녀간의 관계에서도 인격적인 존중과 사랑으로 안정된 심리구조가 형성되지만 역기능 가정에서는 부부 사이가 좋지 않으므로 한 가정에서도 편이 갈라지고 자녀들은 어느 쪽을 선택해야 할지 고민하는 갈등이 생기며 부모를 존

경하지 않으므로 자기 자신에 대한 존중도 낮아진다. 자기 존중은 건강한 자아일 때 가능하다. 심한 갈등과 감정으로 묶여있을 땐 노력해도 잘 안 된다는 것이 문제가 될 뿐이다. 사람들은 스스로 자기 수위를 알고 있다. 더 이상 견딜 수 없을 때 살기위한 방책으로 결론을 내리지만 이럴 때 전문가들과 함께 의논하며 자기 인생을 좀 더 진지하게 생각해 볼 필요가 있다. 이혼을 하고 안하고가 문제가 되는 것이 아니라 혹 자기 스스로를 볼 수 없어서 실수하는 일이 발생되는 것을 막을 수도 있기 때문이다. 내 자신이 나를 보는 것이 어려울 땐 남이 나를 보고 하는 피드백(feedback)에 관심을 가져볼 필요가 있다. 인생이 깊은 수렁으로 빠져 들어가는 느낌이 들 때는 주변에 존경스러운 어른을 찾아가서 조언을 들어보자. 먼저 살아온 경험만큼 도움 되는 좋은 말씀들을 해주실 수 있기 때문이다. 사람들은 자기 인생의 깊이만큼 생각하고 깨닫는 것이 다 다르기 때문에 지혜롭고 성숙한 자기 판단은 언제나 필요할 것이다. 자기 문제를 해결하지 못한 사람들의 조언은 자기 문제를 대상에게 투사하며 무의식적으로 도움이 되지 않는 피드백을 하게 되어 더 큰 참담함 속으로 들어갈 수 있음을 알 수 있어야 한다. 어느 인생이든 자기가 아는 만큼, 경험한 만큼 도움을 줄 수 있기 때문이다.

스스로를 믿는 믿음은 자아의 건강함에서 나온다. 아무도 자신을 응원해주는 이가 없다는 생각이 든다면 상담 전문가를 찾아가 볼 필요가 있다. 바닥난 에너지로는 정상적인 판단이 왜곡될 수도 있기 때문이며 새로운 에너지를 충전할 때 생기 있는 삶을 창조할 수 있다. 인생길은 서로의 도움 속에서 가능한 것이다. 긴 여행을 하는데 있어서 함께 나누며 걸어 갈 때 삶의 풍요가 있는 것으로 우리는 하나가 되어 미래를 보는 안목을 가지고 현재를 살아가야만 한다. 과거는 교훈으로 받아들이고 미래에 안겨줄 열매들을 기대하며 현재 갖고 있는 것들에 대한 감사로 인생은 열어가는 것이다. 분열 속에서는 부정적인 것들만 눈에 들어오게 되는데 어느 순간 상대방의 장점도 눈에 들어온다면 인생의 통합적인 안목이 생겨나고 있음을 의미한다. 통합적인 눈으로 대상을 바라보며 관계할 수 있어야 한다. 우리는 살기 위해 하는 어떤 것들이기 때문에 과거에만 꽂혀 있다거나 현재에만 붙들려 있어서는 안 되며 긍정적인 미래와 함께 통합된 눈으로 자기 인생을 바라볼 수 있어야 한다.

Ⅳ. 재혼

다시 만회(挽回)하고 싶은 내 인생

재혼은 초혼과는 달리 더 무겁고 어려운 결정이다. 에덴동산을 회복하고 싶은 인간의 욕망은 끊임없이 살아 움직이고 있기 때문에 살고자 하는 역동 속에서 현실로 마주하게 되는 결정은 재혼을 선택하게 된다. 지난 세월의 굴곡으로 원치 않았던 삶을 다시 회복하고 싶어 하는 마음으로 내린 쉽지 않은 결정인 것이다. 재혼을 통한 전혼의 보상에 대한 기대는 내려놓아야만 한다. 어느 곳에서든 기대하는 만큼의 만족이 쉽지 않다. 서로를 위하는 사랑의 섬김과 자족으로 하나 둘 채워져 가는 행복을 안겨 줄 수 있기 때문이다. 주변의 시선과 편견들을 마주할 때 자신을 믿고 응원하며 자신의 선택을 존중하자. 내 인생은 그들이 살아 주는 것이 아니라 내가 살아가며 만들어가는 것이기 때문이다.

1. 원가족 회복의 꿈

다시 찾고 싶은 무의식적 욕망

인간에게는 잃은 것을 회복하고 싶어 하는 심리가 작용한다. 흩어진 가족을 다시 찾고 싶은 무의식적 역동은 행복했던 에덴동산의 감사를 떠올리며 다시 한 번 만회하고 싶은 마음으로 대상을 찾게 된다. 태초에 아담의 독처하는 것이 싫었던 창조주는 아담의 갈빗대를 취하여 하와를 지었고, 세상을 다스리며 행복하게 살아가기를 축복했던 결혼의 역사는 죄가 들어오면서 불행한 역사를 만들어냈다. 구원은 예수를 믿으므로 이루어졌듯이 존재를 믿는 믿음으로 자신의 인생은 이루어 가게 된다.

1) 혼자 살 수 없는 인생길

인간은 혼자 살아갈 수 없고 대상을 추구하게 되어 있다. 페어베언

(William Fairbairn)은 인간의 리비도가 대상을 향하여 있다고 말한다. 정신분석에서 리비도는 자신의 본능적 요소를 해결하고자 하는 목적으로 대상을 향해 나아간다. 대상관계 이론가들은 공통적으로 '인간은 대상을 지향하게 되어 있다'고 말한다. 즉 혼자 살아갈 수 없는 것이 인간이라는 것이다. 많은 사람들이 이혼을 할 때는 대부분 통합된 감정상태가 아니므로 분열적 자아는 그 사람으로부터 벗어나기를 바라며 이유를 불문하고 그 대상과 함께 하기를 거부하게 된다. 혼자 조용히 살고 싶어 하는 마음이 크게 작용을 하여 이혼을 선택하고 싱글로 살아가지만 시간이 흐름에 따라 혼자 지낸다는 것이 얼마나 외롭고 힘들다는 것인가를 깨닫게 되며 외롭고 쓸쓸한 마음으로 과거를 돌아본다. 대화를 나눌 대상이 옆에 있다는 것이 얼마나 감사한 것인지, 둘이 걷던 그 길이 얼마나 큰 행복이었는지를 회상하게 된다. 누군가 내 곁에 있어준다는 그 자체가 얼마나 고마운 것인지 많은 시간이 흐른 후에서야 그때를 그리워하게 된다.

K씨의 사례: "가끔은 그래도 그 사람이 생각나요. 그때가 좋았던 것 같아요. 세상에는 나쁜 사람만도 좋은 사람만도 없는 것 같아요. 함께 살면 복잡하고 불편한 거는 맞지만 그것을 인정하지 못하고 살아 왔던 것 같아요."

K씨는 이혼 후 긴 시간을 고독한 외로움과 지내며 대상을 그리워했던 사람으로 곁에 있던 배우자에 대한 고마움을 누구보다도 뼈저리게 느끼고 있었다. 옆에 누가 있다는 것이 감사라는 사실을 절감(切感)하며 스스로를 돌아보았다. 좋고 나쁨을 함께 볼 수 있다는 것은 통합적인 자아에서 나오는 것으로 분석을 통하여 좁기만 했던 시선은 더 넓은

세계를 바라보며 자신을 끌어안는다. 나약한 것이 인간으로 깜깜한 문제 속에서는 밖을 내다보지 못하지만, 밖을 내다 볼 수 있는 여유가 있을 때는 희망도 잃지 않기 때문에 부부인연을 쉽게 포기 하지 않는다. 더불어 사는 인생이기에 실수와 실패는 깨끗이 인정하고 또 다시 일어나 끝까지 자기 인생을 완주해 나아갈 때 최선을 다한 아름다운 인생을 세상에 꽃피울 수 있게 되는 것이다. 모든 인생은 다 귀한 것으로 각자 자기 인생길을 자신감 있게 걸어가야만 한다. 아팠던 경험이 바탕이 되어 더 큰 안아줌으로 서로를 대하며 나아갈 때 진정한 사랑을 실천 할 수 있게 된다.

풍요속의 빈곤이라고 부부는 함께 있어도 외롭다는 말들을 하지만 주변에 아무도 없이 홀로 살아가는 사람들에게는 사치스러운 푸념으로 들릴 뿐이다. 홀로서기가 필요하지만 혼자 사는 것이 홀로서기는 아닌 것으로 인간은 함께 손잡고, 함께 나눌 대상이 있어 부족했던 반쪽의 행복을 온전하게 채워 갈 수 있는 것이다. 모든 것은 다 연결되어 있다. 혼자서 하는 많은 것들은 진정한 완성을 이룰 수 없는 것으로 함께 더불어 합력하는 곳에서 아름다운 생을 꽃 피울 수 있기 때문이다. 가정의 행복이, 사회의 안녕이, 우주의 모든 질서가 다 그렇듯 모든 것들을 함께 할 때 진정한 자기 존재의 모습을 마주 할 수 있게 된다. 각기 다르기에 모든 인생길이 다 같을 수는 없으며, 모든 이들의 삶을 일반화 시킬 수는 없다. 하는 역할이 다르고, 해야 할 일들이 다르기 때문에 각자 위치에서 맡은 바 임무를 묵묵히 수행하며 살아가는 것이 중요하다. 남의 인생을 참견(參見), 참소(讒訴)하지 않고 자기를 돌아보며 나아가는 사람은 판단(判斷)과 비판(批判)을 하며 자기 인생을 낭비하지 않는다. 인생은 각자 자기를 사는 것으로 모든 인생길은 다 이유가 있는 걸음을 걷고 있다.

2) 다시 한 번 찾고 싶은 에덴동산

이혼 후 얼마동안은 휴식시간이 된다지만 갈라져 있는 가족에게는 전쟁을 치른 것과 같은 아픔과 상처가 남아 있다. 폐허(廢墟)가 되어 있는 마음은 그저 평범하게 살고 있는 가족들을 보며 눈시울을 적신다. 원수와 함께 사느니 갈라서는 것이 나을 것 같았으나 순간순간 마음은 변하고, 혼자서 살아간다는 것이 쉽지 않기 때문에 예전의 자신처럼 갈등 속에서 평범하게 살아가고 있는 그들을 보며 부러워하고 있는 것이다. 그 생각 자체는 생명력으로 참 좋은 것일 수 있다. 그러나 자신 안에 남겨진 내면화된 나쁜 대상이 치료되지 않으면 그 대상이 내면에서 움직이고 있기 때문에 자칫 위험한 선택과 함께 또 반복적인 실패를 안게 될 수 있다. 이때 마음속에 자리한 나쁜 대상은 늘 내면에 함께 하고 있어 언제든지 밖에 있는 대상을 또 나쁜 대상으로 만들어 살아갈 수 있기 때문에 전문가와 함께 의논하며 나아간다면 내적 대상들을 재해석하고 성숙한 마음으로 보낼 수 있게 될 것이다. 끊임없이 요동치는 내적대상들은 내 보내야만 한다. 그렇게 될 때 새로움의 문이 열리고 새로운 인생길이 열려지므로 반드시 과거를 분쇄하고 새로운 길을 낼 때 새로운 삶으로 나아갈 수 있게 된다.

인류는 한번 벗어난 에덴동산에 다시 들어갈 수 없었다. 실패한 사람들만 들어갈 수 없는 것이 아니라 이 세상에 존재하는 모든 사람들이 다시 들어갈 수 없는 것이다. 다만 자신의 회복과 성장을 통하여 제2의 에덴동산을 만들어야 하는 것으로 진리를 추구하며 살아가는 인생은 진정한 에덴동산을 회복할 수 있는 길을 열어갈 수 있다. 사랑은 아름다운 것이다. 사랑은 오래참고, 온유하고, 시기하지 않고, 자랑하지 않고, 교만하지 않으며, 무례히 행치 않고, 자기의 유익을 구치 않는다고 바울은 전한다. 회복은 사랑에서 나온다. 사랑은 위대하다. 인간을 변화시키고 구원하며 영생으로 인도하는 완전한 사랑으로 인류는 에덴동산을 회복할 수 있게 되는 것이다. 살기 위한 인간의 본능적인 움직임이 축복일 수 있듯이, 모든 생명력은 회복을 추구하며 본래 모습을 찾기 위한 노력을 한다. 이혼이라는 아픈 흔적을 지울 수 없다고 고민하며 지내기에는 인생이 아깝다. 흔적을 지우느라 애쓸 것이 아니라 자기 인생을 새롭게 창조해 나아가는 것이 중요하다. 어느 인생이든 흠없는 인생은 없다. 이사람 저사람 비교하며 사는 인생이 아니라 내 인생을 내가 살아내는 것이 진정 후회 없는 인생이 되는 것으로 다른 사람들에게 자신을 비춰 보지 말고 고유한 자신의 삶을 응원하며 나아갈 때 세상도 내편이 되어준다.

삐딱한 인생을 바로 세워 나아가고자 하는 열망이 있다는 생각이 드는 것은 신의 축복이다. 프로이트는 '인간은 다 병리적이다'라고 했으며 모든 인간은 다 죄인임을 기독교인들은 말하고 있듯이 부족함이 많은 것이 인간이다. 긴장을 조금 더 억압하고, 조금 더 방출하고, 조금 더 억제 하며 조금 더 활용하고 조금 더 창조하며 살아가는 인생이, 조금은 다른 인생들을 살아가고 있는 것이긴 하지만 거시적인 측면으로 볼 때 모든 인간은 다 거기서 거기로 성장을 향한 길을 걸어가야만 한다. 다 되었다고 하는 순간 넘어질까 조심해야만 하는 것이 인생으로 끝없는 순례자의 길은 성화를 향해 내딛는 걸음을 멈추어서는 안 된다. 인간은 자신의 성장을 멈추는 순간 남의 성장을 방해하며 시기 질투로 내려놓기를 원하지만 자기성장을 방해하는 걸림돌을 분별하여 제거하고 끊임없이 노력해 나가는 주체로서의 삶을 포기하지 말아야 한다. 포기하지 않는 인생은 원하는 것을 얻을 수 있고 원하는 것을 이루어 낼 수 있게 된다.

2. 꿈과 현실의 갈등

더 큰 갈등으로 고갈되어가는 자아

꿈과 이상은 설레는 아름다움이 있다. 에덴동산을 향한 마음은 결혼을 앞둔 신랑과 신부처럼 들떠 있지만 현실은 냉혹하다. 이혼의 아픔과 상처는 치료되어야 한다. 서로에게 있어서 해결하지 못했던 문제들과의 부딪침은 더 큰 갈등을 초래(招來)할 수 있기 때문이다. 부족했던 부분들을 채우고자 생각했던 많은 것들이 하나둘 현실화 되지 않음에 대한 실망들 속에서 부부의 갈등은 시작되기 때문이다. 만회하고자 상상했던 꿈들이 좌절될 때 오는 허탈감은 크다. 전체적인 그림으로 들어가 하나 둘 점검하며 시작해 나가야 했으나 인생사가 말처럼 쉬운 것만은 아니므로 생각지 않았던 문제들이 불어져 나올 때 걷잡을 수 없이 당황스러운 일들이 함께 따라온다.

1) 배우자를 구원자로 기대하지 말자

구원은 내게 있다. 배우자를 구원자로 생각하는 순간 인격적인 부부관계는 사라진다. 배우자가 나를 구원하는 것이 아니라 내가 나를 구원하는 것이다. 세상에 완벽한 사람은 없다. 누구든 크고 작은 허점(虛點)이 있어 인간이다. 내 자신을 바로 세우려는 마음가짐을 내려놓으면 의지하고자 하는 대상에 의해 휘둘리는 인생을 살아가게 된다. 배우자는 함께 걷는 사람이지 의존대상이 아니다. 의존은 종살이를 면치 못하게 되는 깃으로 이스라엘 백성들처럼 광야에서도 애굽(이십트) 생활에 대한 끊임없는 동경을 하게 된다. 인생은 힘이 들어도 광야를 거쳐 가나안을 향한 걸음을 목적해야만 한다. 내 인생에 대한 책임은 내가 지고 살아가는 것이기 때문이다. 가정을 꽃밭 가꾸기로 비유 할 수 있겠다. 가족이 모두 함께 노력하며 꾸려가는 것으로 식물에 물을 주고, 햇볕과 양분을 주며 맑은 공기 속에서 자라고 열매를 맺어 주인에게 기쁨을 안겨주듯이 가정도 마찬가지다. 끊임없는 노력과 희생이 동반되지 않고서는 거둘 수 있는 열매는 없기 때문이다. 모든 이치가 그렇듯이 수고한 만큼 좋은 결과는 내게 주어진다. 인간은 일을 하며 살아가야만 한다. 사회생활을 하며 맡은 일을 감당해 나가는 것이 쉬운 것만은 아니다. 광야를 걷는 것이 힘든 것과 마찬가지로 인생의 광야를 거치는 여정이 고단하지만, 참고 견디면서 스스로 해 냈을 때 축복의 땅 가나안으로 들어가는 것처럼 인생은 노력하는 자에게 주어지는 선물이 있는 것이다. 현시대를 살아가는 많은 사람들은 자본주의 물결에 올라타 금수저 흑수저를 가리고, 집을 소유해야 불안을 면할 것처럼 살아가지만 가장 참된 인생길은 오늘 내게 맡겨진 일을 잘 감당하며 내일 이루고자 하는 일을 준비하며 살아갈 때 모든 것들로부터 자유할 수 있는 미래가 열려진다.

인간은 무의식적으로 주고받을 것에 대한 계산을 하면서 살아간다. 무엇인가를 주면 무엇인가를 받고 싶어 하는 것이 인간이다. 그것이 인간 본 모습의 한계이므로 대상을 탓하고 기대할 필요도 없는 것이다. 기대하면 하는 만큼 자기 실망과 아울러 대상 실망이 크기 때문에 불편한 관계를 만들게 된다. 부족하면 부족한대로 그 부족함 속에서 행복을 찾아야 한다. 바울이 말한 자족(self-sufficiency)은 바로 그런 것이다. 행복과 불행은 내 안에 있다. 파랑새를 아무리 찾아다녀봤지만 결국 밖에 있는 것이 아니라 집안에 있었던 것으로 행복은 내가 얼마만큼 자족하는 삶을 살고, 살아 낼 수 있는가에 달려 있는 것이다. 내게 없는 것을 상대에게 원하며 탐하지 말아야 한다. 욕심의 끝은 사망이기 때문이다. 그에게 없는 내가 가진 것을 발견하고 나누며 살아갈 때 더욱더 커져가는 내 것을 볼 수 있게 된다.

인생길은 광야를 거쳐가야 하는 존재들로 고단하지만 내가 원했던 숙원(宿願)은 광야생활 속에서 비로소 볼 수 있게 된다. 오래전부터 품어왔던 소망은 고통 속에서 드러내기 때문이다. 득(得)과 실(失)은 함께 간다. 내려놓을 때 얻어지고 얻으려 할 때 잃게 되듯이 비운 마음으로 채워지는 은총을 경험하며 살아가는 순리가 평온한 인생을 만들어간다.

2) 고갈되어가는 자아

프로이트는 이드(Id)에서 나오는 성적 에너지의 생명력으로 리비도(libido)를 말한다. 부부관계가 어려워지면 흐르던 리비도가 끊어지므로 살기 위한 방책으로 아버지는 딸을 어머니는 아들에게 리비도를 투여하며 살아가는 역기능적 가정이 탄생하게 된다. 리비도의 고갈은 관계에서부터 시작된다. 부부의 소통이 막히면 갈증이 시작되며 자신을 돌보는 리비도의 부족은 고갈되어가는 자아로 대상을 생각할 여유가 없다. 우선 내가 살아야 하기 때문에 대상을 돌본다거나 나눌 수 있는 마음의 여유가 생기지 않게 되므로 이기적인 관계의 악순환이 지속되는 것이다. 관계 형성이 안되면 건강한 주체 형성도 힘들어진다. 인간은 존재론적으로 관계를 통하여 자아의 성장과 무한한 가능성이 열려져 가지만, 그것이 닫히는 순간 모든 것들의 박탈로 인해 서로가 죽는 결과를 초래한다. 서로를 이어주는 매개체가 대화인데, 리비도가 흐르지 않는 소통은 갈등을 해결하지 못하게 되어 자아는 메말라 가게 된다. 사랑의 연결성이 중요한 것은 바로 이 때문인데, 생명력 있는 리비도의 충만은 모든 것을 소화하고 암 덩이도 해결하는 원천이 되는 것이다. 섹스가 암도 녹여낼 수 있다는 빌헬름 라이히의 연구처럼 정상적인 리비도의 흐름은 많은 것들을 살려내는 기초적인 것이 된다. 대화의 흐름이 막힐 때, 리비도의 흐름이 막힐 때, 엉뚱한 곳을 향하여 흐르기 시작하도록 내버려 두어서는 안 된다. 처음에 물꼬를 트는 것은 별것이 아닐 수 있어도 가면 갈수록 더 큰 물줄기가 거세지기 때문이다. 자녀를 붙잡고 살아가는 것은 자녀의 인생이 세상을 향해 나아가는데 방해가 된다. 자녀를 세상으로 내 보낼 때 거친 파도를 넘어가는 법을 스스로 배우며 멋진 항해를 할 수 있는 선장으로 세울 수 있게 되는 것이다. 자녀를 심리적으로 분화하고 내보내면 부부는 다시 회복될 수 있다. 서로가 내면에 끌어안고 있던 자녀를 내 보내고 허전한 마음이 들 수도 있지만 오히려 부부사이를 깨닫고 알아가는 성숙함을 얻는 것이 더 값진 일이기 때문이다.

막혀있는 부부관계가 회복되면 고갈되어가던 자아의 회복도 일어난다. 리비도가 흐르기 시작하면서 새롭게 생성되는 생명충동들이 살아나기 때문이다. 너를 이해하고 사랑하므로 내가 살게 되는 생기는 더 큰 갈등으로 나아가는 문제들을 해결하게 해준다. 자신을 이끌어가는 원천은 즉 자기사랑이다. 인간이 살아갈 수 있는 근원적인 힘은 사랑에서 나온다. 세상을 살아가는데 있어서 절대적인 것이 사랑으로 성장과정에 부모로부터 충분한 사랑을 받는다는 것은 인생길에 있어서 커다란 자원이 된다. 어린 시절 사랑의 박탈은 자기 정체성을 갖는데 있어서도 부정적인 영향을 주며, 자기 자신을 사랑하고 받아들이기 힘들 뿐만 아니라 대상관계 또한 원만할 수 없게 된다. 이 같이 사랑의 영향은 큰 것으로 사랑의 관계 좌절은 인격성장에도 영향을 미치게 되어 병리적인 자기애를 만든다. 건강한 자기사랑으로 가는 것은 필요하지만 부족해서 채우려는 병리는 자신만을 채우고자 목적하므로 더불어 사는 것이 아닌 이기적인 삶으로 나아간다. 이기적인 사회는 너와 나 우리 모두가 병들어 죽어가는 사회를 만들게 되므로 자폭하는 테러리스트와 다를 바가 없다. 오늘은 맛있는 음식을 먹으며 웃을지 모르지만 무너지는 내일을 보며 왜 그런지에 대한 의식도 없이 살아가는 현대인들이 많다. 인간은 오늘을 살지만 내일을 볼 수 있어야 한다. 오늘을 살며 내일을 준비하는 사람은 내일의 주인이 될 수 있는 것으로 준비한 자가 얻는 복은 당연한 것이 된다.

3. 얽혀진 넝쿨 몇 가정

전 배우자와 현재의 가정은 얽혀 있다

초혼과는 달리 재혼은 전 배우자와의 관계를 끊고 갈 수 있는 것이 아니기 때문에 복잡한 가족들의 정서체계가 얽혀져 있다. 둘 사이에서 낳은 아이가 없으면 쉽게 정리될 수도 있겠지만 자녀가 있는 상태에서의 이혼은 둘만의 문제가 아닌 것이다. 부부는 문제가 있어 다시보고 싶지 않은 마음으로 이혼을 했어도 아이에게 있어서는 여전히 부모이기 때문이다. 천륜(天倫)은 끊을 수 있는 것이 아니듯 빨리 인정하고 받아들여야 한다. 자녀에게 있어서 부모를 보고 싶어 하는 마음을 억누를 수 없는 것으로, 당연히 이해하고 배려해 주어야만 한다. 이러한 문제를 잘 정리하지 않으면 또 다시 이혼을 생각하게 만드는 상황을 만들게 되는데 중심에 있는 배우자는 이러한 문제들을 지각(知覺)하고 지혜롭게 잘 처리 할 수 있어야 한다.

1) 나와 내 아이

모든 인간이 자동적으로 마음이 가는 것은, 내 몸으로 낳은 내 아이인 것으로 자동적으로 몸이 가는 현상을 거스를 수는 없으나 수고로이 낳지 않은 아이를 끌어안는 마음의 품이 없으면 재혼생활의 지속은 불가피하게 된다. 서로가 자기 자식만을 챙긴다면 같이 살아갈 이유가 없어지고 그로 인한 갈등은 둘 사이의 문제보다 훨씬 더한 예민 반응으로 나타나기 때문이다. 초혼이든 재혼이든 자녀는 그냥 얻어지는 것이 아니라 고통의 산고를 거쳐서 태어나게 되는 것이다. 육체의 산고를 겪지 않으면 정신적인 산고를 겪어낼 때 선물로 다가 오기 때문이다. 결국 노력하지 않는 인생이 얻어 낼 수 있는 것은 아무것도 없다. 사랑도 가정도 자녀도 노력하며 지켜내야 하며 그 수고의 대가로 행복이 따라온다. 서로를 돌아보며 긍휼히 여겨주고 지혜롭게 대처하며 나아갈 때 새롭게 시작되는 사랑은 싹이 트고 가슴으로 낳은 아이를 품에 안게 되는 것이다. 어른들로 인해 상처 입은 아이를 품어주지 못한다면 그 아이는 어른들을 받아들이기 어렵게 되고 그때 가정이 넘어야 할 파도는 거세지기 때문이다. 먼저 다가가 사랑하고 아껴주는 긍휼히 여김 속에서 키워줄 때 서로의 아이는 안정되게 자라갈 수 있게 된다. 부부의 인내와 견딤의 세월 속에서 세 가정은 비로소 한 가정을 꾸릴 수 있게 되는 것이다.

L씨의 사례: "남편의 전처가 집 앞에까지 와서 차를 대놓고 기다려요. 아이를 매일 학교에 데려다 주며 시시콜콜 관여를 하고 있어서 신경 쓰여요. 그러니까 아이하고 친해질 사이도 없는 것 같고, 아이한테 무슨 말만 들으면 남편한

테도 전화를 해서 싫은 소리를 하니까 그 일 때문에 자꾸 싸우게 되요. 남편은 자기자식만 챙기고 있으니까 저도 당연하게 제 아이만 신경 쓰게 되요."

L씨는 재혼으로 인하여 복잡한 심리정서적인 문제들로 고통 중에 있다. 재혼부부에게 있어서 가장 어려운 부분들은 바로 이런 문제들이다. 전 배우자의 경계 없는 침범은 새로운 가정을 출렁이게 할 수 있는 것으로 부부는 특별히 더 든든하게 세워져 있어야 하며 부부중심으로 가정이 돌아가야만 한다. 아이들 중심으로 돌아가기 시작하면 한가정은 곧 바로 세 가정이 되어 다투는 일이 잦아지기 때문이다. 솔직한 몸의 반응을 의식하며 한 번 더 걸러진 생각으로 말하고 행동할 때 형평성 있는 사랑을 줄 수 있게 된다. 자동적인 반응은 내 아이 위주로 생각하기 때문에, 우리아이라는 생각을 할 수 없어 이기적인 행동으로 나아가게 되므로 부부는 대화를 통해 함께 나누어야만 한다. 나누고 또 나누며 갈등을 풀어갈 때 문제로 붉어지지 않기 때문이다. 문제의 소지가 많은 것일수록 충분한 대화를 하며 풀어가야 비로소 이해되고 내려놔지게 된다. 언성이 높아지면 행동화로 갈수 있기 때문에 천천히 깊게, 자신의 힘든 마음을 전달하게 될 때 상대방도 마음을 공감해 줄 수 있다. "너 때문이고, 네가 그랬고"라며 상대를 판단하며 비난하는 말은 서로의 감정을 충동질 하는 결과를 낳게 되기 때문에 위험하지만 "내 생각은 이래요, 나는 이렇게 했으면 좋겠어요."라는 자기 메시지는 상대방의 기분을 나쁘게 하는 것이 아니라 생각할 여지를 주게 되어 대화를 나눌 수 있는 기회를 만들게 된다.

재혼한 가정에서 이제 더 이상 '내 아이' '네 아이'가 아닌 '우리아이'

로 받아들이는 것은 중요하다. 그렇지 못할 경우 언젠가는 마음 한쪽에서 자라가는 악의 씨앗을 마주하게 된다. 사랑은 모든 것을 녹여내고 정화시키는 용광로와도 같은 것으로 부부중심적인 생활 속에서 합리적인 방식의 의논을 통해 나아갈 때 갈등은 그만큼 줄어들게 된다. 긴장과 불안이 있는 상태에서의 충동적인 말투는 서로의 감정을 흔들어 놓을 뿐 아무런 도움이 되지 않지만, 마음을 나누는 언어는 대화로 이어져 더 좋은 해결책을 간구할 수 있게 된다. 도란도란 이야기꽃을 피우며 살아가는 가정은 대화 속에서 많은 것들을 처리하고 가기 때문에 불편한 문제들을 쌓아놓지 않는다. 쌓아놓은 감정의 무서움을 이미 경험했기에 더 성숙한 마음으로 나누다 보면 지혜로운 답이 떠오르고 내일의 밝음을 기대하며 살아갈 수 있게 된다.

2) 우리와 우리아이

분열의 통합은 '나'와 '너'를 함께 생각하는 여유에서 나온다. 초심을 잃지 말고 함께 노력하며 나아갈 때 문제의 답은 찾아진다. 해결의 실마리는 두드리고 찾는 자의 것이기 때문이다. 노력해도 잘 안 될 때는 상담을 통해서 전문가의 조언과 치료를 받아보자. 전문가의 조언과 치료가 자신의 왜곡된 방어와 신념체계들을 볼 수 있도록 도울 수 있기 때문이다. 가정은 작은 공동체로 사회생활의 기초가 된다. 사회의 리더는 개인의 성장은 물론 성숙한 마음으로 함께 갈수 있도록 이끌 수 있어야 한다. 정신 성장이 안된 리더는 자신만을 위한 사리사욕을 채우기 위해 함께 가는 사람들을 이용하고 착취하여 반감을 불러일으키게 된다. 함께 나누는 여유로움은 따스한 마음에서 나온다. 사랑으로 채워진 마음은 자연스럽게 흘러가듯 부부의 사랑으로 공동체는 건강하게 자리 잡게 된다. 세상 모든 구조는 다 연결되어 있다. '나 하나쯤이야' 라는 사고를 벗어나 '내가 잘 해나갈 때 모든 것은 잘 굴러가게 될 거야'라는 마음가짐이 필요하다. 그로 인해 세상을 더 열심히 살아갈 수 있는 사고체계로 변화 할 수 있기 때문이다.

한 알의 밀알이 썩어져서 커다란 열매를 맺듯이 썩지 않고 살아 있으면 싹을 틔우지도 자랄 수도 없어 밖에 내다 버릴 수밖에 없는 무용지물이 된다. 식물이 자라가는 원리를 터득하며 한 가정을 세워 나아감에 있어서 썩는 마음 없이 쉽게 와주는 것은 없다. 미드(M. Mead)의 사회학 이론은 우리를 생각하게 한다. '나'로부터 성장되어 '우리'라는 개념을 받아들일 수 있는 것으로, 함께 더불어 가는 우리는 그만큼 더 복잡한 과정을 거쳐내야만 하는 것이다. 해도 해도 안 되는 경험 속에서 아파하며 포기하고 싶어지는 마음과 싸워내는 승리의 기쁨이 얻어지는 것을 함께 경험하며 부부는 서로에게 힘이 되어주는 존재로 살아갈 수 있어야 한다. 좁은 시야에서 벗어나 좀 더 넓은 시야로 가정과 사회와 세상을 볼 수 있다면 문제는 문제가 되지 않고 오히려 감사한 마음으로 서로를 끌어안을 수 있게 되는 것이다. 우리의 탄생은 그렇게 이루어지는 것으로 관계 속에서 비움 없는 우리의 탄생은 없다.

재혼 가정에 있어서 서로의 아이들은 우리 부부에게 맡겨진 '우리아이'다. 우리가 만들어낸 자녀이므로 우리가 또한 성숙한 마음으로 아이의 상처를 안아주고 치료하여 잘 성장해 나갈 수 있도록 모범적인 삶을 살아갈 수 있어야 한다. 재혼이 힘든 것은 그런 이유들 때문이다. 둘만이 바라보는 시각을 넘어 배후에는 또 다른 가족들이 있어 만만찮은 신경전이 벌어진다. 잘 해줘도 못해줘도 곱지 않은 시선이 늘 있기 때문에 부부관계가 튼튼하지 않으면 오해할 일이 많아진다. 세상은 오해와 투사로 얼룩져 돌아갈 때 시끄럽고 복잡해진다. 많은 갈등이 문제로 곪아져 갈 때 오해는 없는지 다시 돌아보는 것이 중요하며 내 안의 투사는 없는지 점검해 볼 때 커다란 부딪힘 없이 관계는 돌아갈 수 있다. 오해나 투사가 무서운 것은 관계를 끊고 갈수도 있기 때문이다. 미리 겁내고 두려운 나머지 과거의 환영과 얽혀진 문제를 풀지 못하고 끊어내기에 급급한 잘못된 인간관계는 개인의 손실은 물론 공동체의 손실을 가져온다.

4. 받아들임과 인정

서로를 긍휼히 여기는 마음

재혼에 있어서 상대방을 받아들인다는 것은 많은 포괄적인 것들을 포함하게 된다. 전 배우자, 전 배우자 사이에서 낳은 자녀들, 그 외 원가족 모두를 인정할 수 있어야 한다. 내가 이혼을 한 것이지 자녀들에게는 여전히 부모이기 때문이다. 그들이 살아온 배경, 문화, 습관들이 구조화 되어 있기 때문에 이를 받아들이지 않을 경우 많은 불편감들은 또 다시 한 가정을 위기 속으로 들어가도록 만들기 때문이다. 정서적으로 풀리지 않는 문제들은 언제나 정신적인 고통으로 발전하게 되는데, 문제의 증상이 위험한 것이 아니라 정서적으로 위험한 상황(hazardous situation)에 대한 정상적인 반응이 중요한 것이다.

1) 서로의 상처를 안아줘야

함께 하려면 서로가 많은 것들을 내려놓아야 한다. 통계적으로 재혼적응기간을 7년이라고 본다. 그 시간은 결코 짧은 시간이 아니므로 서로의 감정으로만 치우칠 것이 아니라 관계를 위해 남다른 노력이 필요하다. 상처가 많은 사람들일수록 많은 공감이 필요하다. 상처를 헤집으면 더 큰 아픔이 되듯이 그동안 겪었던 아픔들은 판단할 것이 아니라, 그럴 수밖에 없었던 이유 있는 사연들에 대한 인정과 공감만이 상처를 아물도록 돕는다. 부부가 서로 그러한 노력들을 하지 않으면 다음 단계로 나아가는데 있어서 어려움을 겪게 된다. 복잡한 문제들 속에서 두 사람이 튼튼하게 버텨주지 않으면 뒤에 있는 가족들을 이끌어 나아갈 수 없다. 가정의 질서는 부부로부터 시작되기 때문이다. 부부가 진실 된 마음으로 함께 노력하는 모습을 보일때 자녀들의 마음은 열리고 점차 안정된 가정으로 편안하게 나아갈 수 있게 되는 것이다. 가족들의 아픔을 받아들이고 안아주기에 가장 필요한 것은 가족 상담의 필요성이다. 스스로를 돌아볼 수 없을 때 전문가의 도움은 전체를 볼 수 있는 안목으로 현재의 상황들을 분석하며 과거와 미래를 통합시켜 나아갈 수 있게 한다.

M씨의 사례: "무슨 일만 있으면 남편은 당연히 딸과 한편이 되는 거에요. 그러니까 아이도 제 말을 안 듣고 저를 무시하는 것 같거든요. 서로가 그렇게 자동적으로 자기 아이들만 끼고 지내기 때문에 부부갈등이 해결되는 것이 아니라 더 심해져 가는 것 같아요. 갈수록 서로가 아픈 말을 하는 것이 자연스러워졌어요. 서로가 어떻게 하면 힘들게

할까 시합을 하는 것처럼 되어버렸거든요."

위의 사례는 재혼한 부인 M씨의 고백이다. 부인은 아들 한명 남편은 딸을 한명 데리고 재혼을 했다. 이들의 가장 큰 문제는 각각 자녀들과의 심한 융합관계였다. 부부 둘만의 생활 속에도 항상 자녀들이 들어와 있어 간단하게 해결하고 끝날 일도 복잡하게 붉어져갔다. 반복되는 문제들이 커져가는 것에 대한 두려움을 안고 상담소를 찾았던 것이다. 무슨 일이 생기면 자동적으로 M씨는 아들과 한편이고, 그의 배우자는 딸과 한편이 된다. 그러면서 부부에게 갈등이 시작되었고 그의 자녀들도 불편해 졌던 것이다. 이 가족에 있어서 가장 시급하게 해결되어야 하는 것은 부부의 초기 애착관계형성과 각기 자녀들과의 분화였다. 아이가 처음 태어나 엄마와의 애착관계가 잘 형성될 때 대상들에 대한 신뢰의 기반이 튼튼해지듯이 부부도 초기 신혼 생활 속에서 믿음과 신뢰의 기반이 되는 애착관계형성이 시작되는 것으로 초기 5년 정도는 좋은 경험들이 많이 필요하고 그것이 구조화될 때 가정을 이끌어가는 밑거름이 된다.

이 가족의 부부와 자녀들은 그동안 아픔과 고통 속에서 힘들게 살아왔다. 이혼으로 인한 상처들의 내재화된 불안은 별일이 아닌 것임에도 예민하게 반응을 하고 자동적으로 함께 전투태세에 들어간다. 이들의 모난 것 같이 뾰족한 심리적 측면들은 긴장시 살기위한 방어기제로 내면에는 약하고 여린 속살 같이 떨고 있는 불안한 마음들을 감추고 있으나, 겉모습은 힘 있고 자신감 있어 보여 서로가 지지 않으려는 마음으로 뭉치게 되는 것이다. 불안이 크면 클수록 안정감 없는 언어와 행동들이 표출되므로 다툼은 서로에게 상처를 남긴다. 반복이다! 원가족

속에서 살아왔던 패턴들이 자연스럽게 붉어져 나오게 된다. 가족치료는 반복되어지는 것들에 대한 의식이 필요하다. 그것을 분쇄하지 않을 경우 계속해서 집안에 내려가는 재앙을 끊기란 어렵다.

2) 신뢰와 믿음 쌓아가기

부부간에, 부부와 자녀 간에 믿음과 신뢰는 매우 중요한 것으로 초기에 고운 정을 많이 쌓아 가야만 한다. 정신분석가 위니캇(D. W. Winnicott)은 충분히 좋은 어머니, 모성적 몰두, 안아주는 환경 등의 필요성에 대하여 중요한 언급을 했다. 아기에게 있어서 초기 어머니와의 따듯한 돌봄은 필수적이기 때문이다. 부부도 마찬가지로 안정된 가정생활 또한 여기서부터 시작된다. 살아가다보면 현실적인 문제들이 생길 수 밖에 없지만 땅의 토양분과도 같이 많이 쌓아 놓은 정은 살아가면서 힘이 될 수 있는 것이다. 나와 다르다고 해서 이상하게 여길 것은 없다. 서로 다른 가정에서 자라오면서 굳어진 것들에 대한 인정이 필요할 뿐 다른 것을 같은 것으로 만들기 위해 힘쓰다가는 그동안 쌓아 놓은 부부의 정마저 잃어버리게 된다.

어린 시절 심리·정서적으로 안정된 부모 밑에서 자란 아이의 정서는 성숙의 과정으로 자리 잡아 가지만 불안정한 가정에서 불편한 경험을 하며 자랐을 경우 성장을 해서도 여전히 어린아이처럼 살아가는 경우를 본다. 이는 발달과정이 순조롭지 못해서 오는 결과로 지속적인 성장을 해야만 하는데 사랑과 관심의 돌봄이 충분치 않아 생기는 증상인 것이다. 육신의 성장 보다 더 중요한 것은 정신적인 성장이다. 인간사 모든 것은 육신이 끌고 가는 것이 아니라 정신이 이끌고 가기 때문이다. 신뢰가 쌓이면 서로가 편안해진다. 믿음이 있을때 각자 자기 삶을 잘 살고 간섭하려 들지 않는다. 대상에 대한 신뢰는 자기 자신에 대한 신뢰가 있을 때 가능한 것으로 초기 부모의 돌봄이 중요한 것은 이 때문이다. 충분하게 모든 것이 채워질 때 만족감을 얻으며 스스로를 인정하고 받아들이게 된다. 이렇듯 부부는 서로에게 어머니처럼 따듯한 많은 정서경험을 필요로 하게 되며, 이때 재 경험하게 되는 사랑은 많은 병리적인 현상들을 녹일 수 있는 밑거름이 된다. 무엇이든 정상적인 상태에서의 문제발생은 없지만 결여된 비정상적인 상태에서는 복잡 다양한 문제들이 생겨난다. 고갈되어 허기진 자아는 배고픔을 견디기 힘들어 한다. 누구든 먼저 채워주지 않으면 상대방도 주지 않아 서로의 자아는 고갈되어져 간다. 주고받는 무의식적인 삶의 적용이 습관화 되어 있기 때문이기도 하지만 건강한 자아의 부재이기도 하다. 받기만 하려는 사람도 문제이지만 주기만 하는 사람도 내면엔 어떤 이슈가 들어있기 때문이다.

5. 녹아내린 상처

고통이 녹아 아물어 간다

고통의 마디를 세우며 성장한 자아는 많은 것을 보고 담을 수 있는 그릇으로 새롭게 태어난다. 아파했던 세월이 가져다 준 선물로 고통의 터널을 건너보지 못한 사람은 이해할 수 없는 것이다. 세상에 속한 값진 것들 중 그냥 주어지는 공짜는 없다. 세상은 공평하다. 고통의 세월을 견뎌낸 사람들은 그렇지 않은 사람에 비해 또 다른 것을 얻어내기 때문이다. 썩어진 밀알이 많은 열매를 허락하듯이 죽을 수 있는 자아는 새로운 탄생을 허락한다. 거듭남은 고통이란 터널의 통과 없이 저절로 이룰 수 있는 것이 아니듯 의미 있는 인생길을 걸어가는 성숙한 사람들이 있어 사회는 그래도 희망이 있고 밝은 내일을 기약할 수 있게 되는 것이다. 그 사람들 덕분에 민중들은 편안하게 살아가고 있으며 성장은 그러한 삶을 살아갈 수 있게 한다.

1) 고통(Agony)의 터널을 지난 성숙

고통은 더 이상 고통만은 아니며 선물이 따라 온다. 아픔 뒤에 오는 성장은 성숙한 인생을 살아가는 지혜를 터득하여 더 넓은 가슴으로 대상을 품을 수 있게 한다. 인생은 고통을 경험하며 사는 삶이다. 프로이트개념인 오이디푸스 콤플렉스(Oedipus comples)는 좌절과 고통을 통하여 초자아가 형성되지 않을 때 인간은 길들여지지 않은 야생마와 같은 삶을 살아가게 된다는 것을 보여준다. 법과 금기를 지켜가는 사회적인 인간으로 변모하기 위해 고통의 터널을 통과하는 것은 바른 삶을 살아가기 위한 필수적인 조건인 것이다.

인간이 겪어야 하는 고통은 다양하다. 신체적인 고통으로 아파하는 사람들이 있는가 하면, 경제적인 빈곤으로 힘든 고통을 겪는 사람도 있고, 관계에 대한 어려움으로 고통을 받기도 한다. 모든 고통 속에는 정신적인 고통이 따른다. 깨어있는 정신이 중요한 것은 정신이 그 모든 고통을 순화(純化)시킬 수 있기 때문이다. 케네스 헤긴(Kenneth Hagin)은 사람들은 고통을 한곳에 넣기 때문에 혼란스러움으로 간다고 했다. 분석하고 분쇄하는 과정 속에서 고통은 변화하기 시작한다. 신체화 증상으로 인한 원인을 확인해볼 수 있고, 대상 상실을 통해 대상의 귀중함을 알 수 있으며 빈곤한 생활 속에서 돈에 대한 고마움을 알 수 있게 되는 것으로 오늘의 고통은 내일의 희망이요 축복인 것이다. 정신적인 성장과 성숙을 이룬 사람은 나눔을 실천하게 된다.

네 것, 내 것은 아무것도 없다. 태어나 보니 내 것이 많이 있었고, 태어나 보니 아무것도 없었던 것의 차이로 금수저 흙수저가 되었던 것이다. 돈에 대한 가치관이 잘 정립되어 있지 않으면 금수저의 노예로 살아가는 것이 인생이다. 금수저는 금수저 대로 할 일이 있고, 흙수저는 흙수저 대로 할 일이 있는 것으로 각자 자기 그릇대로 열심히 살아갈 때 그곳에서 행복은 나를 보고 응원하며 웃어주는 것이다. 세상 사람들이 다 나를 좋아하지는 않는다. 나도 마찬가지로 내가 다 좋아하는 사람들만 있는 것은 아니다. 나를 싫어하는 사람들과 굳이 잘해 보려고 에너지를 낭비하기 보다는 나를 좋아하는 사람들과 함께 지내면 되는 것이다. 좋은 사람이 생겨서 부부로 인연 맺은 것이라면 감사한 일 아닌가. 그동안의 경험을 바탕으로 더 행복하게 살아갈 수 있는 지금 현재를 감사하자. 감사는 모든 것을 녹여내는 통로가 되어준다.

2) 인생이란 이런 것

고통을 통하여 자신을 받아들이면서 승화로 나아갈 수 있는 것이 인생이다. 발달과정에 있어서 리비도가 자기사랑에 머물지 않고 대상애를 거쳐 나아갈 때 성숙한 인격은 형성되는 것이다. 성장으로 나아가지 못하는 고착은 신경증을 안겨주게 되므로 서로가 피곤한 삶을 살게 된다. 이들은 어린 시절의 경험으로 인한 갈등의 지배를 받고 사는 것이라고 올포트(Gordon Willard Allport)는 말한다. 과거의 어린 아이가 성장을 못하고 현재를 살아가는데 불편을 겪는 것이다. 프로이트에게 있어서 성기기(genital phse)의 삶은 엄마로부터 느끼는 성본능을 다른 본능으로 바꿔 나가는 고등동물의 능력을 말하며 이것을 승화(sublimation)의 개념으로 이론화 시켰다. 승화된 인격은 바뀌고 변한 것으로 승화의 과정을 거쳐 사회생활을 해 나갈 수 있는 문명인의 힘은 오이디푸스 콤플렉스 과정을 거치면서 얻어낸 초자아 덕분이다. 인생은 이런 것이다. 순리를 벗어나면 많은 시련과 고통을 겪으며 살아가야만 하는 것이 인생이다. 알면 알아가는 만큼 인생길은 쉬워지지만 모르면 모르는 만큼 험한 길을 걸어가야만 한다. 자기 분석이 위대한 것은 한 인간을 치유하는 것만은 아닌 성장에 이르도록 이끌어주기 때문이다. 모르면 반복하고 살아가야만 한다. 하지만 깨어있는 사람은 변화로 바뀐 삶을 살아간다. 우리 인생을 바로 이끌어주는 고마운 초자아를 받아들여야 한다. 그리고 순종해 나갈 때 우리들의 삐딱한 인생은 바로 세워지기 시작한다.

언제부터 내 인생은 어긋난 것이었을까? 분석으로 들어가다 보면 과거 역사와 마주하게 되는 것으로 피할 수 없는 과거가 펼쳐지기 시작한다. 지난 삶을 돌이키며 회개와 후회의 날을 지내기도 하지만 이제 중요한 것은 지금부터다. 현재를 살아가는 인간에게 있어서 과거는 과거의 역사일 뿐이다. 과거 이슈가 없는 사람은 없다. 지금부터 쓰는 새로운 역사를 기대하며 의미 있는 삶을 살아가야만 한다. 성숙한 사람은 현실을 잘 살아가는 사람으로 열심히 일하고, 사랑하고 나누며 살아간다. 좁은 시야로 세상을 보지 않으며 더 확장된 의식으로 대상과 마주한다. 둘이 함께 걸어가는 인생길이 다소 험하고 고통스럽더라도 잡은 손을 놓지 않고 합력하며 나아갈 때 목적을 이뤄낼 수 있는 것으로 부부는 함께 노력해야만 한다. 한쪽에서 아무리 노력한들 한쪽에서 잡은 손을 내려놓으면 아무런 소용이 없기 때문이다. 모든 시작은 '너'가 아닌 '나'로부터 시작된다. 길을 여는 것도 닫는 것도, 새로운 관계를 시작하는 것도, 끊는 것도 '나'다. 누구 때문이 아닌 모든 인생길의 주인은 '나'이므로 내가 바로 생각하고 이해하며 함께 길을 걸어가야만 한다. 나보다 우리가 보기에도 좋을 뿐만 아니라 나의 힘보다 우리의 힘은 훨씬 더 세지기 때문이다.

아슈비츠(Anschuwitz)의 죽음의 수용소에서 살아남은 빅터 프랑클(Victor Emil Frankl)은 2차 대전 당시 600만 유대인의 학살을 지켜봤던 사람으로 그에게 닥친 가혹한 고통을 현 세대는 짐작할 수도 없을 것이다. 꺼져 가는 등불 속에서 그는 인간에 대한 의미와 목적을 찾아내었던 것으로 시련을 견디는 힘은 목적 있는 삶에서 나온다. 의미를 찾는 인간이 살아가는데 있어서 힘이 되는 것은 함께 더불어 살아갈 때 비로소 의미가 의미되게 하는 것으로 인생은 힘든 상황 속에서도 의미를 통해 포기하지 않는 것이 되며 그 안에서 무엇인가를 발견하고 새로운 역사를 써내려 가게 된다.

Ⅴ. 회복(recovery)

변화를 통한 성장

인간은 변화를 두려워한다. 변화는 고통스럽기 때문에 그냥 이대로 살고 싶어 하는 내적 작용들의 영향을 받으며 반복적인 문제 속에서도 문제를 인식하지 못하고 살아가게 되는 것이다. 신념이 그 사람이고 신념대로 인생길을 열어가게 되어, 사고 체계가 바뀌지 않으면 반복적인 시스템 속에서 다가오는 무게를 견디기란 쉽지 않으며 지쳐가는 자신을 바라보게 된다. 변화가 쉬운 것만은 아니다. 그러나 기꺼이 불행했던 과거와 싸워 행복한 미래를 만들어 내야만 한다. "그냥 이대로도 좋습니다." "여기가 좋사오니" 하며 두꺼운 방어 체계를 쌓아 가며 무겁게 인생을 살아갈 것인가 아니면 훌훌 벗어던지고 가벼운 마음으로 내일을 마주할 것인가. 변화에는 성장이 뒤따르고 미래의 안정된 평안과 복된 내일을 기약할 수 있게 된다.

1. 자기 분석을 받자

"너 자신을 알라 !"

소크라테스는 아테네의 젊은이들과 늘 끊임없는 탐구와 의미를 찾는 대화를 하며 자기 성장의 길로 안내했던 것을 볼 수 있다. 데카르트의 인간 주체는 사유하는 존재(res cogitans)로 '나는 누구인가'라는 질문의 답을 찾아들어가는 시도를 해나갈 때 인간은 변화와 성장을 향해 나아갈 수 있게 된다. 인간은 95%이상 무의식의 영향을 받고 살아간다. 모든 것은 내 안에 들어와 있는 어떤 것들 때문이고 "내 탓"이라고 하는데 거기서 멈추는 것이 아니라 깊은 무의식으로 들어가 진정한 자기를 찾아 들어가다 보면 자기 실체를 만나게 되고 "너 때문이다"라고 말하던 입을 다물게 된다.

1) 억압된 감정의 정화

자기 분석은 내적인 자기고백을 하는 것으로 이는 기도(祈禱)와도 같다. 찰스 F. 스탠리(Charles F. Stanley)는 고백의 중요성과 필요성에 대해 말한다. 인간의 고통은 기도의 고백을 통하여 부정감정들을 해결해 나아가는 것이다. 폴킹혼은 "새 창조는 변형이자 영광"이라고 말했으며, 바울은 '새 사람'을 말하고 있다. 이는 옛 사람을 벗어버리고 자기를 창조하신이의 형상을 회복한다는 것이다. 프로이트의 정신분석은 지금 현재 자아의 역량으로 과거 상처받은 나를 다시 세우는데 있다. 정신분석은 억압의 사슬에서 벗어나 자아의 힘을 되찾고 자유연상 기법을 통하여 과거를 재해석하지만 그 과정 속에서 전이와 역전이를 만나게 되어 힘든 변형의 과정을 거치게 된다. 나를 찾는 작업이 쉬운 것만은 아니다. 그러나 든든한 분석가와 함께 있을 때 자기 안의 실체를 마주 할 수 있고 하나 하나 떠올려져 의식되는 깨달음의 통찰은 자기 보호를 하기 위해 무단 애를 쓰며 사용했던 방어기제들을 내려놓게 된다.

호나이(Karen Horney)는 자기분석에 있어서 가장 힘든 것 중 하나가 통찰이 가져다주는 어려움 이라고 한다. 그것은 자기 안의 괴물과 마주하는 순간이기 때문이다. 대부분의 사람들은 감당이 안 되는 그 무엇을 보고 싶지 않아서 무의식에 의해 휘둘리며 괴물과 함께 불편한 삶을 살아간다. 하지만 그 불편은 자기 자신만 불편한 것은 아니고 자녀들에게까지 영향을 줄 수 있다, 부모가 사랑하는 자녀들을 위해 할 수 있는 것은 무엇인가? 많은 부모들이 현상의 측면에서 자녀가 원하는 무엇인가를 만족스럽게 해주려 애쓰지만 보이지 않는 것 속에

들어 있는 불편함을 제거해주기 위한 노력은 하지 않는다. 그것은 부모가 자기분석에 대하여 인식하지 못하고 있기 때문으로 외부 현실을 살아가는데 급급하다 보니 내면의 불편함을 반복적으로 겪으며 살아갈 수 밖에 없는 것이다. 부모교육에 있어서 핵심은 부모가 바뀌는 것이다. 자녀들의 문제는 부모로부터 내려온 어떤 것들이다. 위에서 바뀌지 않으면 아래에서 바뀐다는 것은 더욱 어렵다. 위에서 고통을 겪으며 자기 변화를 이룩한 만큼 자녀들은 변화하며 자기 성장의 길로 들어서게 되는 것이다.

분석은 많은 것을 정화시켜준다. 안나 프로이트(Anna Freud)는 분석이 마치 굴뚝 청소를 하는 것 같다는 표현을 했듯이 내면에 쌓아놓은 억압된 것들을 기억하며 고백을 할 때 마치 고여 있던 물이 물꼬를 트고 흘러가는 것 같은 시원함을 맛보게 되는 것이다. 자신도 모르게 내면에 쌓아 놓았던 많은 억압기제들은 자아를 병들게 하여 허약한 자아로 만들어가지만 억압된 것들의 카타르시스는 증상을 해결하게 한다. 억압된 무의식은 각종 증상을 유발시키며 때가 되면 뚫고 올라오게 된다. 그 중 하나인 신체화 증상의 예를 들어볼 때 병의 원인을 신체적인 측면에서만 찾으려 한다면 병은 치유될 수 없다. 근본적인 것이 변형되지 않는다면 또 다른 신체화를 겪게 되기 때문에 자기 분석을 통한 무의식의 의식화로 과거를 재구성할 때 비로소 현실은 달라지게 된다. 건강한 사람들은 자신의 연약함을 고백하고 나누며 과거를 재해석한다. 과거의 억압되었던 상처를 용납하고 이해하며 마음속에 쌓아놓은 고통스러웠던 감정들로부터 해방되는 것이다.

2) 정신에너지 구조 세우기

구조는 어떤 습관이 만들어내는 것으로 무엇이든 초기구조를 바로 잡아야 한다는 것에 대한 의식은 중요하다. 구조화 된 다음에 바로잡아 간다는 것이 결코 쉽지만은 않기 때문이다. 자기분석의 내적 혁명을 통하여 정신에너지의 구조를 바로 세워 나아가는데 있어서 억압을 풀어내고 무의식을 의식화 하며 나아가는 과정 속에서의 통찰은 삐뚤어진 자아를 바로 세워나가 정체성 있는 한 인간으로서의 삶을 이뤄 낼 수 있도록 한다. 하인즈 코헛은 자기대상(self object)의 중요성을 말한다. 김병훈은 하인즈 코헛의 자기대상을 한국정서에 맞는 언어로 존경대상, 총애대상, 일체대상이라 다시 정했는데 이는 정신적인 에너지 원천의 세 기둥이 된다. 존경, 총애, 일체의 자기는 응집되고 자신감과 자존감을 갖게 되는 정신적 산소를 말하는 것으로 함께 나누며 사랑하고 존경하는 가정생활은 한 인간의 성장에 커다란 영향력을 끼치게 된다. 정신적인 구조는 가정 내에서 부모와 겪었던 경험의 기초를 바탕으로 세워져 간다. 자신의 모든 것들을 펼쳐낼 때 부모로부터 받는 공감과 지지는 안정된 자기를 키워갈 수 있는 원동력이 되는 것으로 매우 중요하다.

자기대상으로부터 오는 사랑은 한 사람을 키워 가는데 있어서 아주 중요한 양분으로 작용을 한다. 충분한 사랑을 먹고 자라갈 때 튼튼한 자아로 성장해 갈 수 있다. 자기대상의 결여는 허약한 자아를 만든다. 힘이 없는 허약한 자아는 울타리 없는 집처럼 온갖 것들의 침범을 방어하며 지내느라 많은 에너지를 낭비하게 되지만 건강한 자아의 충만은 어떤 상황 속에서도 생명력을 잃지 않는 자기 발전으로 나아간다.

자아실현으로 나아가는 길은 많은 응원과 에너지를 필요로 한다. 자기 대상들의 지지와 공감은 풍요로운 마음으로 여유 있는 생활을 가능케 하고 자기를 세워 가는데 걸림돌이 되지 않기 때문에 정신 성장은 물론 창조적인 활동들을 순탄하게 한다. 주변이 시끄럽고 내면이 복잡하면 그만큼 에너지의 낭비도 심해지기 때문에 많은 사람들은 창조로 가는 생활을 선택하기 보다는 스트레스를 풀기 위한 시도를 하되 자기 파괴적인 선택을 하며 일시적인 방출을 한다. 그러나 이런 구조를 반복할수록 무기력과 허탈감에 빠지게 되고 습관이 주는 형벌을 통하여 고난의 길을 걷게 된다.

습관은 부모의 영향으로부터 온다. 아이에게 있어서 초기 구조가 잘못 되었다는 것은 부모의 삶이 무엇인가 영향을 주었던 것이므로 부모로부터 잘못된 것을 바로 잡아야만 한다. 신념체계는 한 개인의 인생을 열어가게 되는데 왜곡된 핵심 신념체계를 읽지 못하고 자녀를 양육한다고 볼 때 위험천만한 가정교육이 될 수 있기 때문이다. 본인은 그것이 옳다 생각하고 믿고 있기 때문에 주변의 시선과 충고가 들려오지 않는다. 오히려 기분 나빠하며 대상을 탓하는 과오를 범하게 될 뿐 자신을 볼 수 없으므로 반복적인 실수를 하고 왜곡된 인생을 살아간다. 삐딱한 나무를 다시 세우기 위한 작업이 쉬운 것만은 아니다. 그러나 세우려는 노력이 없다면 삐딱한 나무는 결국 드러눕게 되어 뿌리가 뽑히는 위험한 사태가 발생할 수도 있게 된다.

생명의 씨앗은 다시 일어나기를 원하고 새롭게 자신을 세워 나가기를 열망한다. 자기 분석은 생명의 씨앗을 발견하고 키워내는 것으로 잘 성장할 수 있도록 주변의 방해꾼들을 내보내고 평안한 자기를 세울 수 있게 돕는 것이다. 부정적인 영향을 회복하는 과정은 평생 지속된다. 과거와 현재의 끊임없는 대화로 미래를 열어가며 튼튼히 자기구조를 세워나가는 것이다.

2. 나와 대상을 이해

나를 알아 가면 대상을 이해한다

인류는 각기 다른 모습으로 존재하며 살아가고 있다. 한날한시에 태어난 쌍둥이도 다르다. 한 가정의 비슷한 환경에서 자란 사람도 다른데 나라가 다르고 문화가 다르면 서로에게 익숙해져 있는 문화의 영향에 따라 정신 성장도 달리 이루어진다. 서로 다름 속에서 인류는 성장해 간다. 서로 다르기 때문에 존재하고 발전해 갈 수 있는 것이다. 대상에게 자신과 똑 같은 생각과 감정을 느끼도록 강요할 필요도 없다. 같은 것을 보고서 서로 달리 표현하는 것이 인간이기 때문이다. 서로가 각기 다르다는 것을 인정해 주어야만 한다. 인간은 태어나 성장하면서 외부환경으로부터 상처를 받으며 살아가게 된다. 모든 자연과의 관계 속에서 서로 모를 아픔을 겪으며 지내온 세월만큼 내면화 되어 있는 것들까지도 이해해 줄 수 있을 때 대상을 진정으로 사랑하며 공감할 수 있게 되는 것이다.

1) 내 안의 들보 남의 눈의 티

사람들은 '제 눈에 들보는 보지 못하고 남의 눈에 티끌만 보려한다'는 성서 인물 누가의 말을 잘 인용한다. 인간이 살아가면서 가장 많은 반복적인 실수를 하고 있는 것 중 하나가 바로 자신에게 있는 문제들은 보지 못하고 남에게 있는 문제는 잘 본다는 것이다. 그것은 바로 내 것이 비춰져 보이는 것으로 그로 인해 인간관계는 복잡해진다. 내 것을 볼 수 있는 눈이 열려 있으면 절대 남을 탓하지 않으나 내 것이 보이지 않을 때 갈등을 겪게 된다. 갈등을 해결하는 방법들은 다 다르다. 아무 일도 없었던 것처럼 조용한 대화를 통하여 잘 풀어가는 사람들이 있는가 하면, 시끄럽게 해결하는 사람들이 있다. 모든 것은 반복되고 발전한다. 폭력의 처음 시작은 말소리를 크게 내는 것에서부터 시작할 수 있으나 그것이 발전하면 끔찍한 일도 저지를 수 있다. 내 안의 괴물은 감정을 타고 드러내 보인다. 그 괴물을 잘 다스리며 내안으로부터 잘 내보낼 수 있어야 한다.

N씨의 사례: "부르면 대답도 안하고 신경질내고 길에서 때리고, 제가 지금 애들한테 그래요. "가식적이고 뒤에는 악마가 있는 것 같았거든요" 결혼 전 집에서 사는 내내 그랬어요."

N씨는 지금 어머니와의 갈등 속에서 자신에게 함부로 했던 어머니에 대한 분노를 토해내고 있다. 부모로부터 내면화된 것들을 아이들한테 풀고 있는 측면을 의식하고 있는 내담자의 분석은 아직 통합을 이루지 못한 상태였으므로 어머니에게도 많은 상처와 아픔이 있었다는 것

을 볼 수 없었다. 환경이 어려우면 인간 삶은 더 많은 상처와 고통으로 살아가게 되는데 미래의 평안을 위하여 그러한 상처들을 치료하며 살아갈 수 있어야 한다. 대상은 많은 상처를 주기도 하지만 아픈 상처를 싸매주기도 한다. 페어베언(W. Ronald D. Fairbairn)은 나쁜 대상을 말하며 현실에서 그 대상을 해결하지 못하므로 내면으로 집어넣어 해결하려고 하지만 그 대상을 억압하고 무의식 속에 가두었기 때문에 계속해서 그 대상 때문에 힘든 삶을 이어갈 수 있다는 것을 말하고 있다. 나 너 할 것 없이 인간에게 있어서 상처가 없는 사람은 없으며 많고 적음의 차이일 뿐이다. 대화는 상처를 해결할 수 있는 방법이 되기도 하지만 무의식으로 꿀꺽 삼켜 버리는 억압은 들보를 만들게 되는 것이다. 이 모두가 내 안에 들어 있는 내적 대상들의 움직임으로 벌어지는 일들이기 때문에 분석을 통하여 내적대상들을 재해석할 수 있을 때 비로소 자신을 괴롭히는 괴물은 떠나가게 되는 것이다.

분석에는 용기가 필요하다. 인간은 고통을 반복하려는 경향이 있다. 의식하지 못해 고통은 반복되는 것으로 두려움과 공포를 마주하고 싶지 않기 때문에 의식하기 위한 분석에는 용기가 뒤따른다. 분석가의 사랑은 내담자를 품어주는 싸게 역할을 하기 때문에 상처를 치료하고 회복하는데 도움이 된다. 페어베언은 애도를 수행하기 위해서는 증오보다 사랑이 더 커야 한다는 것이다. 대상의 불편함을 토로하며 풀어내는 것을 받아주다 보면 어느새 마음이 풀어져 있고 따뜻해져 있는 것을 볼 수 있다. 그러면서 대상관계는 회복되고 건강한 자아를 살아가게 된다. 묶여있던 사슬이 풀어졌기 때문에 생기발랄했던 자기를 되찾게 되는 것으로 세상을 편협하게 보던 시각의 변형을 이루었기 때문이다. 리비도는 상호성이라고 프로이트는 말한다. 대상관계는 리비도의 흐름이 서로를 원활할 때 매끄럽게 흘러가지만 반대로 투사하며 불편한 생활이 이어질 때는 서로가 차단 한다거나, 일방적으로 한쪽에서 관계를 단절하는 경우가 생기게 되어 빈곤한 자아로 만들어가게 된다. 곤고하고 허기진 자아는 대상에게 뛰어들어도 얼마 가지 않아 또 돌아서야만 하는 반복적인 생활을 하게 된다. 나를 알고 내 문제가 보이는 사람은 대상에게 함부로 하지 않는다. 상처로 얼룩진 인생들은 서로서로 보듬어 주며 걸어가는 것일 뿐, 누구를 판단한다거나 정죄할 수 있는 사람은 한 사람도 없다는 것을 깨달아야만 한다. 인간 안에 있는 무의식적 환상과 표상은 인생의 모든 것을 결정한다. 중심에 뿌리를 내리고 있는 신념은 곧 그 사람이며, 자기도 모르게 평생 쓰고 있는 어떤 것이기도 하다. "나는 나를 보며 사는가" 아니면 "남을 보고 사는가"

2) 상처의 치유와 관계 회복

인간은 복잡한 사회구조 속에서 찾아오는 많은 문제들의 위기를 직면하고 극복하면서 살아가야만 한다. 함께 더불어 살아가고 있는 사회제도 속에서 수없이 많은 영향을 받고 살아가기 때문에 위기와 기회가 찾아 올 때 위기를 기회로 전환시켜 나아갈 수 있으며 주어진 기회를 놓치지 않는 지혜로움도 있어야 한다. 평화롭고 안정된 삶은 현실파악이 잘 되지만 감정이 얽혀있는 불안정한 삶은 현실의 많은 것들을 가리고 볼 수 없게 만든다. 멜라니 클라인(Melanie Klein)의 개념 중 우울적 자리는 외부대상뿐만 아니라 자기 자신 안에 있는 것도 좋은 것과 나쁜 것도 함께 볼 수 있는 눈이 뜨이는 것을 말한다. 이는 도덕성을 의식하고 인정하는 것이며 한 부분만을 보는 것이 아니라 전체를 볼 수 있는 것으로 고통을 겪기도 하지만 상황을 견뎌낼 수 있는 힘은 여기서 나온다. 의식의 통합은 좋고 나쁨이 같이 들어가 있는 것이다. 그것이 인간이기 때문이다. 통합을 이루기까지 분석가는 많이 견뎌주고 참아내고 인내하며 빛을 보는 해석들로 한 사람을 정성껏 보듬어갈 때 비로소 나쁘게만 보였던 사람의 좋은 측면도 보이게 되는 것이다. 인간이 죄를 짓는 형태는 다양하다. 하지만 내 안의 들보 때문에 죄를 짓는 경우가 생긴다는 것을 깨달아야만 한다. 선은 선을 낳고, 악은 악을 낳게 된다. 내면에 있는 것들이 선하면 인간관계는 선하게 흘러가지만 악이 담겨 있을 땐 그 악을 바라보며 해결해 나아가는 분석이 필요하다.

위니캇(Donald Winnicott)은 내담자가 말할 때까지 분석가는 기다릴 수 있어야 한다고 강조한다. 많은 이들의 분석 과정을 보면 처음에는 대상과의 얽혀있는 분노를 터트리며 증오를 토설한다. 감정의 표현은 공포를 바꾸어 놓게 되는데 이 당시는 내담자에게 무조건적인 공감이 필요할 뿐이다. 어떠한 피드백도 들으려 하지 않고 듣고 싶지도 않기 때문이다. 증오는 감정의 분화를 이루지 못한 상태이기 때문에 지속적인 갈등으로 나아가게 만든다. 클라인(Melanie Klein)의 개념에서 분열적 자리는 한쪽만을 보고 있는 것으로 대상의 좋은 측면들은 보이지 않고 나쁜 측면들만 보이고 있기 때문에 이해하려 들지 않을 뿐만 아니라 사실상 이 상태에서는 이해할 수도 없다. 따스한 햇볕이 내리쬐고 어느 정도 시간이 흘러가 생각과 감정이 풀어져 가면 그때 비로소 대상을 생각할 수 있는 공간이 생기고 대상을 이해하기 시작한다. 분석을 신뢰할 수 있는 것은 바로 이런 것으로 한 사람이 한 사람의 말을 지속적으로 들어주며 얽혀 있는 문제들을 풀어가기 때문이다. 인생의 전환점은 좋아하고 존경 하는 어른들로부터 사랑과 지지를 받게 될 때 고비를 넘기고 좋은 방향으로 바뀌는 계기가 되는 것으로 치료는 사랑이다. 사랑을 충분히 공급 받을 때 비로소 사랑으로 나아갈 수 있게 되는 것이다.

참 사랑은 대상의 자존감과 존엄성을 회복시켜주며 그를 새롭게 창조하는 능력이 있다. 분석은 선악에 좌우되는 것이 아니라 어떤 생각이 자신을 흥분시키는가를 봐야만 한다. 자신의 법칙, 환상, 의미들을 풀어내며 나아갈 때 자신의 변혁은 세상의 변혁으로 나아간다. 프로이트에게 있어서 건강한 주체는 인간 성격을 규정하는 이드, 자아, 초자아의 조화로운 통합을 말할 수 있는 것으로 통합에서 사랑은 회복되며 도덕적 세계로 들어가기 위해서 자기 세계를 들여다보는 긴 여정의 고통을 감수해야만 한다. 에릭 프롬(Erich Fromm)은 이기적인 사람은 대상을 사랑할 수 없으며 자기 자신도 사랑할 수 없다고 말한다. 관계의 회복은 자신의 회복과 동시에 이루어지는 것으로 자신을 사랑할 수 있을 때 대상도 사랑할 수 있게 되는 것이다.

3. 든든한 보상구조

정체성을 획득한 활동

인간에게 있어서 보상구조는 심리적인 구조와 삶을 안정되게 해준다. 이는 존재를 드러내는 핵자기 실현으로 좋아하는 일을 하며 적당한 소득을 통하여 안정감을 누리며 살아가게 된다. 전도자는 재물과 부요를 주는 것이 하나님의 선물이라고 말한다. 튼튼한 보상구조는 하고자 하는 일이 즐거울 때 생겨나는 것이며 하고 싶어서 하는 일은 물질과 관계없이 자족 할 수 있고 재능과 기술의 능력을 마음껏 발휘할 수 있기 때문에 물질은 따라오게 되어 있다. 인생은 나의 길을 가야만 한다. 남의 가는 길을 보며 부러워하지 말고 나를 보며 나의 길을 걸어가자. 살아서 꿈틀거리는 욕망을 순화하고 해석하며 절제하는 건강한 믿음으로 주어진 일에 최선을 다할 때 그 곳에서 감사하는 성숙한 존재의 의미로부터 환영받는 만족한 삶이 열려진다.

1) 욕망(慾望) 바라보기

프로이트(Sigmund Freud)는 이드(본능)가 사회화 과정을 통해 적절하게 순화되야 한다고 말한다. 동물적인 본능이 난무할 때 사회는 어지러워지고 이를 통제하기 위해 법을 제정하여 질서를 세워가는 것이다. 인간의 본능적인 욕망은 하고자 하는 대로 모든 것을 원하고 있으나 현실의 모든 욕망을 충족시킬 수는 없다. 인간이 동물과 다른 것은 자신의 욕망을 스스로 통제할 수 있는 능력을 가지고 있다는 것이다. 건강한 인간은 자신의 욕망을 바라보며 적절히 현실과 타협할 줄 안다. 살아 있는 존재를 느끼게 해주는 욕망이 있어 인간은 자신의 일을 이루어내며 성장 발전해 나아가는 것으로 욕망은 에너지의 원동력이 되기도 한다. 개인에게 있어서 살만한 가치가 있다고 느끼게 해주는 것은 무엇보다도 창조적인 통각이라고 위니캇은 말하고 있다. 독특성이 있는 핵심 가치로 나는 나의 욕망을 마주하며 나아가야만 한다. 욕심이 동반된 욕망이 아닌 거룩한 욕망을 따라가는 삶으로 나아갈 때 바벨탑이 무너지는 헛수고의 상처를 겪지 않을 것이다. 일을 하고 살아가야만 하는 미션(mission)이 주어졌기에 그 길을 따라가야만 하는 인생길에 대한 순응만이 자기 욕망과 마주하는 삶으로 나아가게 된다.

욕망은 공동체 내의 인정을 넘어 자기 스스로가 무언가를 이루고자 하는 것으로 니체(F. W. Nietzsche)는 창조의지의 힘을 갖지 않으면 허무주의자를 만들어 낸다고 하였다. 창조성의 추상적인 가치에 대한 믿음으로 나아가며 몰입을 통한 절정경험으로 들어갈 때 비로소 인간은 욕망의 퍼즐 하나를 자기 손에 쥘 수 있게 된다. 꿈 하나를 이루었다고 욕망이 잠재워 지는 것은 아니다. 꿈 너머 또 꿈을 찾아 나서는 것이 인간이기 때문이다.

인간은 존재 이유 목적의 삶을 살아가야만 한다. 인간의 생애가 예정되어 있는 운명론적인 사고 속에 안주하기 보다는 변증법적인 유연한 사고체계 속에서 자기 안에서 들려오는 음성을 분별하고 존재로서 이 땅에서의 목적을 향한 걸음을 걸어갈 때 욕망은 잠재워지고 진정한 자기 자신을 살게 되는 만족함이 따라 오게 된다. 의식화 되지 않고 깨달아 지지 않는 욕망은 사회를 어지럽히고 개인의 삶도 안정이 안 된다. 세상을 이용하며 함부로 살아가다 끝내는 허무한 주인으로 남게 되는 것이다. 나를 알고 내가 원하는 욕망을 바라보자. 그 길을 알고 순응하며 걸어가는 인생길은 안정과 평안과 행복의 걸음으로 나아간다.

2) 자아 욕구의 실현

자아실현을 향한 욕망은 생명의 의지다. 인간은 일을 하며 살아가야만 한다. 자아실현은 일을 할 때 더 강화되고 생명을 향한 움직임은 자아실현을 허락한다. 자아실현을 향해 나아가는 욕망의 추구가 없다면 인생은 절망만 남게 된다. 무욕(無欲)의 삶이 안정된 평안이라고 생각한다면 오산이다. 그 평안은 살아있는 것이 아닌 것으로 자아실현의 자아는 운동하는 자아 여야만 한다. 1943년 메슬로우가 발표한 논문 "인간 동기의 이론(A theory of human motivation)"은 인간 욕구를 단계화 한 것으로 인간의 욕구(Maslow's hierarchy of needs)를 5단계화 했다. 그 단계를 보면 생리적 욕구, 안전의 욕구, 애정과 공감의 욕구, 존경의 욕구, 자아실현의 욕구로 올라가는데 이는 기본적인 욕구들의 충족이 상위 단계로 올라가고자 하는 인간의 열망을 연구한 것이다.

노동의 의무가 주어진 인간에게 있어서 이 세상을 살아가는 여정 속에서 끊임없이 이루며 나아가야만 하는 욕구의 실현은 한 인간을 인간으로 살아가도록 방향을 잡아주는 것으로 무엇을 목적하고 살아가는 가는 자기 안에 있는 자기만의 고유한 핵자기의 실현으로 나아가야만 한다. 메슬로우 이론에 있어서 자아실현은 상위 단계로 하위단계의 안정을 이루며 나아가는 과정가운데 이룰 수 있는 것으로 끊임없는 노동을 통하여 자아실현의 삶은 가능한 것이다. 자아가 원하는 것은 무엇인지 조용히 자아에게 귀를 기울여 보자. 자라오면서 늘 하고자 했던 것은 무엇이었는지, 어떤 사람이 되고 싶었는지, 어떤 말을 하며 살아왔는지, 가치를 어디에 누고 살았는지, 부엇을 하고 싶었는지 고민하며 자신에게 물어 볼 때 확연히 떠오르는 대답을 듣고 움직일 때 목적하는 삶은 따라와 준다. 자아실현이 어려운 것은 아니다. 게으르지 않고 부지런한 움직임으로 한발 두발 걷다 보면 다져진 내성으로 더 쉽게 올라갈 수 있기 때문에 처음 시작단계에서 꾸준한 습관을 들이는 것이 중요하다

인간은 데카르트(Descartes)가 말하는 사유하는 존재다. 사유로 인한 자기 인식이 중요한 것은 생각은 변화하고 변화하여 자기 성장의 길로 인도하기 때문이다. 사유체계가 발달하지 않으면 동물적인 사고를 면치 못하기 때문에 약육강식의 삶이 인간사에서도 벌어지게 되는 것으로 오늘날 사회구조 속에서도 만연해 있는 것을 볼 수 있다. 한 번 더 생각하고 한 번 더 고민하며 존재가 들려주는 소리로 결정할 때 세상과 나는 함께 할 수 있는 것이 된다. 인생이 지루하고 우울한가? 그는 진정한 자아의 삶을 살아내지 못하고 있는 것이다. 목적이 있는 삶은 지루할 수가 없다. 늘 그 목적을 향한 걸음을 걸어야 하기 때문이다. 분명한 것은 걸어가는 길 속에서 위로를 느낄 수 있으며 누군가가 함께 하

고 있다는 감사를 느낄 수 있는 것으로 그 걸음이 그리 무겁지만은 않다. 투사와 탓을 넘어서 서로를 이해하는 소통은 법과 질서에 순응하는 삶 속에서 나타나며 함께 꽃피우는 사회 공동체 안에서 존재를 드러내는 핵자기 실현은 감사요 축복이다.

4. 함께 꽃피우는 사회공동체

아름다운 합력이 이루어 내는 선(善)

나는 나의 길을 걷고 너는 너의 길을 걷는다. 각자 걷는 것 같은 그 길 끝에서 우리는 만난다. 나의 길이 아름다웠던 것은 함께 만났을 때 보이는 하나의 커다란 계획인 것으로 인간은 홀로 가는 것이 아니라 함께 걸어가는 것이다. 내가 열심히 살아 낼 때 그 계획은 흐트러지지 않는다. 합력하여 살아가야만 하는 이유가 바로 그것으로 선은 사회공동체를 아름답게 이끌어 간다. 개인은 사회 공동체 속에 속하고 싶어한다. 함께 하면 더 큰 힘으로 무엇인가를 이룰 수 있으며 더 큰 보람과 성취를 얻을 수 있다. 조직 속에서 느끼는 부품인생이라는 생각은 내려놓자 그곳이 작은 꿈을 실현 시킬 수 있는 시작이 될 수도 있기 때문이다.

1) 법과 질서에 순응한 삶

한 인간의 인격 성숙에 있어서 욕망을 내려놓는 고통의 강을 넘어갈 때 자신에게 떳떳하며 세상을 향해 당당한 삶으로 나아갈 수 있다. 법을 넘어서는 욕망은 인간을 병들게 한다. 아들은 어머니를 포기할 때 세상 속으로 나아갈 수 있게 된다. 법과 욕망 속에서 무엇을 선택할 것인가 갈등한다면 그는 이미 법과 질서에 순응하는 삶의 구조가 없는 것으로 볼 수 있겠다. 법은 단순하다. 지키라고 명시되어 있는 것은 지켜 나가야만 한다. 내면화된 초자아는 세상을 살아가는 초석을 만들어 주지만 초자아가 없는 삶은 세상으로부터 가혹한 심판을 받으며 살아가게 된다. 초자아를 거역하고 세상을 다 이긴 것처럼 살아가는 사람들은 자기 자신 속에 쌓아놓은 죄책감으로 인해 스스로 자신의 인생을 무너뜨리기도 한다.

프로이트의 남근기 분석은 광범위 하다. 개인의 삶을 하나하나 분석해 나가다 보면 최종지는 오이디푸스 콤플렉스로 엄마를 차지했던 아들은 세상으로부터의 가혹한 처벌을 피할 수 없게 된다. 부모가 알았더라면, 부부관계가 원만 했더라면, 힘 있는 아빠의 초자아를 동일시 했더라면 아이가 짐 지고 가지 않아도 되는 것을, 그 짐을 지우고 자식의 원망을 들으며 살아가는 것이 현실들이다. 법을 받아들이지 않음으로 인해 예뻐해 준 댓가를 버릇없는 행동들로 갚아주는 자녀들에게 무식이 죄다는 말을 돌려주며 후회하는 한탄의 삶을 살아간다. 초자아의 부재는 위 아래가 없는 가정에서 순종하며 따르는 생활을 하지 못해 무너진 질서를 경험하므로 사회 공동체 속에서도 힘 있는 상사를 누르고 이기려는 스트레스를 받다가 물러나야만 하는 곤경에 처하게 된다. 어디서든 자신이 최고가 되어야 하는 주관적인 신념의 망상(妄想)이 계속 되는 것이다.

진리를 몰랐고 진리를 받아들이지 못하므로 얻게 되는 형벌은 가혹하다. 그래서 인간은 진리를 추구하며 살아가야만 한다. 반쪽 진리를 붙잡고 그것이 전부인 것처럼 살아간다면 머지않은 미래에 또 그러한 잔혹극이 벌어질 수 있기 때문이다. 현재는 미래의 안녕을 창조하는 시기로서 과거를 분석하고 미래를 위한 현재를 살아나 갈 때 두려움 없는 미래를 열어가게 되는 것이다. 완벽한 인생은 없다. 다만 완벽을 이루려는 마음으로 노력해나갈 뿐이다. 그래서 예수는 인간 구원의 미션(mission)을 가지고 세상 짐을 짊어졌다. 그러나 진정한 구원은 내가 믿을 때 이루게 되는 것으로 내 구원은 내가 이루어 내야만 하는 것이다. 자유의지를 갖고 있는 인간은 깨어있는 정신으로 살아갈 때 온전한 진리를 발견하고 참 구원의 삶을 이루어가게 되는 것이다.

2) 인격 성숙에 따르는 고통

인간의 인격 성숙은 남근기로부터 시작된다. 사람이 사람으로 살아갈 수 있도록 법을 심어주는 시기인 남근기는 고통이 따라온다. 사랑하는 어머니를 차지할 수 없어서 내려놓아야 하는 고통과 아버지를 내면화 하고 세상으로 나가야 하는 두려움을 마주해야 하는 시기인 것이다. 어머니를 끌어안고 있는 자식들은 거세불안으로 세상이 두렵기만 하다. 그들은 공포와 불안으로 인하여 자기 처벌과 함께 세상살이의 처벌을 지고 가게 되는데, 이 시기에 적절한 좌절의 고통을 겪으며 기초를 잘 세워나가면 평생이 편안하고 세상살이가 쉬워진다. 질서 체계를 따르는 것만큼 쉬운 것은 없기 때문이다. 거스르려는 데서 오는 스트레스는 자신은 물론 공동체에 도움이 안 되는 것으로 서로가 힘든 생활 속에서 불편하게 살아가야만 한다. 내적인 자유는 노예로부터 시작된다. 비참의 고통을 끌어안는 곳에서 정화는 물론 인격 성숙이 따라오기 때문이다. 고통과 함께 인생은 성장한다. 그러므로 고통은 피해야 할 것이 아니라 마주해야 하며 그러기 위해서는 용기가 필요할 뿐이다.

미드(George Herbert Mead)는 자아의 탄생이 사회로부터 시작되고 발전하며 개인의 성상을 이루어간다고 말한다. 사아는 홀로 성장하는 것이 아닌 사회와 지속적인 관계를 하면서 상호 발전을 이루어 나가는 것으로 사회 안에서 다시 태어난다. 혼자 할 수 있는 놀이와 다른 게임은 규칙을 따라야 가능한 것으로 내 마음대로 하면서 가는 세상이 아닌 함께 가는 공동체는 이기적인 마음으로 가서는 안 된다. 내 것이 내 것만은 아니라는 것을 알고 인정하고 받아들이는 마음이 있을 때 한 부분 속에서 자신의 일에 충실할 수 있게 된다. 공동체가 살기 위해서는 내가 죽어야 우리가 살 수 있는 것으로 우리가 살 때 또한 내가 살아갈 수 있게 되는 것이다. 그러할 때 모두 함께 즐거움에 참여할 수 있는 것으로 더 멋진 세계를 창조해 나아갈 수 있게 된다. 미드가 이뤄낸 I와 me의 변증 운동은 만물의 영장인 인간만이 할 수 있는 것으로 I 나는 me의 나와 끊임없는 내적 대화를 통한 성찰을 통하여 대상에게 영향력을 끼칠 수 있는 자신으로 살아갈 수 있다. 이러한 과정이 사회성을 키워내는 것으로 개인과 사회적 경험 전체를 성찰하며 사회적응 능력은 향상되어 가는 것이다.

O씨의 사례: "남근기 분석이 이런 것인 줄 몰랐어요. 생각지도 않았

던 문제들이 다 오이디푸스기에 걸려있다는 사실에 프로이트 연구가 정말 대단하다는 생각이 들어요"

오랜 기간 자기분석을 거쳐 O씨는 이제 자아실현의 삶을 살아가고 있다. 그의 성장은 미래를 향한 발걸음을 가볍게 해주었다. 처음 내담자로 왔을 때 O씨는 꿈을 찾아 동분서주 하며 35종류가 넘는 일자리를 찾아다니느라 고단했었다. 이 일을 해봐도, 저 일을 해봐도 자신이 원했던 일은 아니었던 것으로 이해할 수 없는 피곤한 삶이 지속되던 시기에 상담실을 찾았던 것이다. 분석은 자기안의 꿈을 찾도록 도와준다. 의식되지 않았던 많은 걸림돌을 해결하며 볼 수 있는 것이기 때문이다. 인간 사회에서 성숙하게 살아갈 수 있는 바탕은 남근기를 소화해 낼 때 가능한 것이며 잠재기 속에서의 고민은 성기기의 삶으로 이끌어 준다. 인간은 태어나면서부터 사회생활을 하며 살아가야만 하는 사회에 던져진 존재다. 나를 넘어서 우리와 함께 공동체로 들어가야만 하는 것이다. 나만 생각하고 나에게만 머물러 있는 생각은 사회의 한 일원으로 건강하게 살아갈 수 없다. 나는 사회와 함께할 때 그 안에서 자신의 정체성이 탄생되고 능력 있는 개인으로 성장된 삶을 살아갈 수 있게 되는 것이기 때문이다. 정신 자유의 실현은 굴욕적이고 비참한 노동을 통하여 진정한 자유의 날개를 달게 되는 것으로 자기모순과의 투쟁을 통하여 노예적 노동은 자기의식의 자유를 쟁취하기 위한 의미의 전환을 이루게 되는데 그것이야말로 헤겔의 주노 변증법의 반전이 된다. 헤겔(Hegel, Georg Wilhelm Friedrich)의 주노 변증법은 주인과 노예의 위치설정의 변화로 주인과 노예는 고정화 되어 있는 것이 아니다. 그것은 언제나 변화를 일으킬 수 있는 것이다. 향유하는 존재만이 주인은 아니며 노예가 노예로서 존재하는 것만은 아니다 노예의 궁극적 변혁은 노동을 통해 의식하는 자기는 정신적 해방을 맞게 된다.

5. 자기 부인으로 가는 성화 과정

내가 죽어야 산다

자기부인은 심리학적으로 자기 방어를 분쇄하는 것과도 같다. 사도바울은 "나는 날마다 죽노라"고 말한다. 이는 생명이 있는 동안 인간의 내면에서 살아 움직이는 악의 뿌리가 붉어져 나오는 것을 의미하는 것으로 의식된 자아는 날마다 죽는 경험을 반복하며 살아가게 된다. 해석의 지평이 넓어지면 어렵지 않게 죽어질 수 있게 된다. 내가 죽어야 관계가 회복되고 문제가 해결되기도 하지만 죽는 다는 것이 그리 쉽지만은 않다. 참고, 인내하고, 죽고, 또 죽을 때 내 속은 타들어가지만 밖은 조용해 진다. 자신이 힘든 것을 감내할 때 자신의 인격성숙 뿐 아니라 가정의 평화까지도 이루어지기 시작되는 것이다. 한 인간의 성화과정은 험난한 길을 통과해야만 하는 순례자의 좁은 길을 이뤄낸 존 번연(John Bunyan)의 천로역정(天路歷程)과도 같다. 소명을 붙잡고 살아가는 삶은 희망하는 원동력으로 성화의 길을 꾸준하고 성실하게 걸어간다.

1) 소명을 붙잡고 가는 삶

소명(Calling)은 목적의식을 동반한 책임감으로 맡은 일을 하며 순종하는 삶으로 나아가도록 한다. 모든 인간에게 있어서 자기에게 주어진 일을 열심히 하며 살아가야만 하는 것은 소명과도 같아서 부여받은 임무를 책임지며 나가야만 한다. 지금 여기서 부터다. 그 일은 크고 위대한 것만은 아니다. 오늘 아침 가족들을 위해 밥을 지어주는 일도 포함되어 있고 직장 생활 속에서 맡은 바를 성실히 감당해 나가는 것 또한 소명을 감당해 나가는 것이다. 각자의 위치에서 스스로의 일들을 인내하며 나아가는 선한 의지는 한 인간을 구원의 길로 인도한다. 기도와 정신분석은 자기의 한계를 뛰어 넘는 능력을 가져다준다. 인간의 존재 이유 목적의 삶은 자기 주체로서 살아가는 것이다. 소명활동을 통한 노동으로 보상구조를 든든하게 세워가며 현실의 고통 속에서도 묵묵히 걸어가는 주체의 삶은 창조의 삶이며 부활의 삶이다.

정신분석과 기도는 악의 고리를 끊고 심리구조가 튼튼하게 자리 잡을 수 있도록 도와주며 창조의 세계로 나아갈 수 있도록 이끌어 준다. 자기 안에서 발견된 소명의 삶은 자기 부인의 삶이요. 성숙이 동반 될 때 소명은 발견되는 것이다. 자신도 모르게 고정화 되어 있던 틀을 깨고 진리를 추구하며 성장해 나가는 삶을 살아가자. 진리는 가만히 있어서는, 어떤 것을 발견하기 어렵다는 사실의 깨달음에서 부터 시작된다. 현대 과학이 그렇게 발전해 왔듯이 개인도 마찬가지다. 진리를 찾자. 지식으로 얻어지는 자유를 누려 보자. 아는 것이 힘이라는 베이컨

(Bacon's Proverb)의 말처럼 만물의 영장이 세상을 통치하고 살아가는데 있어서 진리를 찾고 지식을 쌓아가기 위한 노력은 반드시 필요하다. 존 폴킹혼은 절반의 진리에 안주하려는 유혹에서 우리를 구해 달라고 애원한다. 인간은 아는 만큼 살아갈 수 있고, 아는 만큼 설명하고 분석 할 수 있다. 무식이 죄라고 몰라서 행했던 문제들을 되풀이 하지 말고 알아가므로 해결해 나가야 된다는 것을 말하고 있다. 무의식속에 갇혀 있을 때는 공포로 작용했던 것들이 의식화를 통해서 한순간에 날아갈 수 있게 되는 것이 진리의 힘이다.

진리와 소명을 찾는 걸음 속에서 개인은 변화된 성장의 삶으로 나아간다. 인생은 알고 깨닫고 보이는 만큼 살아지는 것이기 때문이다. 나와 내 가족에게만 국한된 이기적인 삶은 어린아이와 같은 사고체계를 벗어나지 못한 것으로 우리는 더 큰 공동체를 향해 나아가야 한다. 분명한 것은 너를 위해 사는 삶 속에서 나도 누리고 살 수 있는 것으로 나만을 위한 삶은 거기서 멈추게 되지만 우리를 위하는 삶은 함께 누리는 즐거움에 참여한다. 인간은 사회적 존재다. 개인의 안녕을 위해 애써야 하는 것도 중요하지만 개인의 안녕을 유지 시켜주는 것이 사회라는 사실을 인정해야만 한다. 모두 함께 커다란 꿈을 꾸며 성숙한 마음으로 나아갈 때 이 땅의 부조리와 갈취는 물러가고 함께 나누며 살아가는 아름다운 공동체를 이루어 나갈 수 있을 것이다. 소명을 붙잡고 가는 삶은 이미 개인의 유익만을 구치 않는 삶으로 나 만의 행복만을 위하는 삶을 넘어 너와 함께 행복한 복된 삶으로 나아간다.

2) 성화의 원동력 희망

고통 속에서 인간은 성장한다. 눈물의 쓴잔을 마시면서 성화의 과정은 시작되기 때문이다. 키에르 케고르(Søren Aabye Kierkegaard)는 인간을 죽음으로 인도하는 것은 절망이라고 했다. 절망의 늪에서 희망을 바라보지 못할 때 절망은 절망으로 끝나게 된다. 절망에서 구원해줄 희망은 절망을 이겨낼 원동력이 된다. 인간은 얼마든지 변화할 수 있으며 또 다른 자신의 삶을 살아가며 꽃 피울 수 있는 것이다. 인간은 무식해서 죄를 짓고 무지해서 상처를 받고 살아간다. 깨이있는 정신은 하나둘 눈 뜨며 성장의 폭을 넓혀간다. 성숙한 사람은 판단하지 않으며, 상처를 만들지도 않는다. 우울한 사람이 바라보는 검은 태양은 구름이 벗겨지면 찬란하고 밝은 태양이 있음을 생각하지 못하게 한다. 진리를 향한 열린 마음은 안주하지 않는다. 더 알아가고 더 배우고 이해하는 일에 참여한 빛으로의 도약은 어둠을 물리치게 되는 것이다. 진리를 향해 마음은 늘 열려 있어야만 한다. 아는 만큼 눈에 보이고 아는 만큼 해석할 수 있다. 통합적인 지식의 힘은 진리와 함께 찾아온다.

죄 성이 있는 인간이 에덴동산에서 쫓겨나 죽을 때까지 성장을 추구하며 살아가야 하듯 인류의 관심사는 인간 삶의 회복에 있다. 에덴동산은 자기 마음속에서 이루어진다. 그 누구도 함부로 판단할 권리가 주어진 것은 아니며, 스스로 내면화된 것들의 표출에 상처받고 힘들어할 이유는 없는 것이다. 죄 없는 사람이 없듯이 문제없는 사람도 없다. 우물 안 개구리식의 사고는 그 안에서만 보고 받아들이지만 더 넓은 의식은 확장된 만큼 세상을 바라보며 해석한다. 진리와 함께 폭 넓힌 사유 속에서 얻어지는 답은 내려놓음과 친구하며 초월적인 삶으로 감사한다. 나눔 속에서 공동체는 행복한 꽃을 피우며 아름다운 향기를 맡게 된다. 개인에게 있어서 진정한 행복은 공동체 안에서 함께 이루어 낼 때 찾아온다. 개인이 죽음의 고통을 받아들일 때 세상은 내편이 되어 주는 것으로 내가 살고자 하면 죽지만 죽고자 하면 살게 되는 것이다.

프랑클(Viktor Emil Frankl)은 2차 대전 당시 아우슈비츠 수용소에서 90%넘는 동료 수감자들이 먼저 죽어가는 것을 보았다. 그리고 어느 죽은 수감자의 옷에서 쪽지를 발견한다. “네 힘과 정성을 다하여 주 너의 하나님을 사랑하라”는 성경 마가복음 12장 30절 말씀이었다. 이 한 문장 속에서 프랑클은 인생의 의미를 찾고 받아들이며 절망의 순간 억압으로 묶여있던 영혼을 생명으로 이끌게 만든다. 유대인이라는 이유만으로 고통을 겪어야 했던 그는 그간 집필했던 정신의학적 개념들과 심리학 이론들의 원고를 수용소에 숨겨 놓았지만 모두 잃어버리는 고통 속에서 눈뜨게 된. 내적인 힘 즉 육체적으로 강한 사람만이 반드시 살아남는 것은 아니라는 사실을 알게 되고 그 끔찍한 경험을 개인의 성장에 이용하는 이론을 세우게 된다. 프랑클은 우리를 절벽으로 내모는 것이 상황이 아니라 바로 우리 스스로라고 말한다. 인생길에 있어서 우리는 스스로 자신의 삶에 대한 좋은 답을 찾아 나서야 한다. 인간은 어떠한 상황이든 주체적이고 능동적인 존재로 매 상황마다 선택하고 판단하는 자신의 태도에 대한 신뢰가 있어야만 한다. 인간은 늘 무엇인가를 결정하며 간다. 무수히 많은 길을 선택하며 나아감에 있어서 자기 자신을 믿지 못하는 사람들은 갈등으로 밤을 지새워도 바른 길을 찾을 수 없어 또 갈등한다. 하지만 부모로부터 많은 사랑을 받고 자기 신뢰가 있는 사람들은 어떠한 결정을 하는데 있어서 용기를 낸다. 믿음의 희망이 이미 자신 안에 들어와 있기 때문이다.

저자 후기

아침에 일어나 눈도 뜨지 못한채 찾게 되는 나의 주인과 대화를 나눈다. 삐딱한 내 모습을 보며 이를 바로 세우기 위한 중얼거림은 날마다 새로운 나를 만들어간다. 어떤 이의 인생인들 소중하지 않으랴! 함께 가는 인생길에 서로의 아픔을 이해하고 나아갈 수 있다면 더 밝고 찬란한 내일을 기약할 수 있지 않을까?

우리는 모두 왜 삐딱할 수밖에 없는가? 어디서부터 그렇게 만들어진 것일까? 에덴동산의 원죄로부터 내려오는 가계(家系) 때문일까? 사회 문화적인 영향은 없었던 것일까? 국가와 민족의 책임은 없는 것일까? 세상을 살아간다는 것이 버겁고 힘들어 질 때 우리는 무엇을 찾고 누구를 떠올리는가? 진리와 시름하며 나아간다는 것이 과연 바른 진리(眞理)를 찾아가고 있는 것일까?

모든 인생은 길을 찾아 떠난다. 그것이 어떤 삶이든 각기 자신의 모습을 살아내느라 애를 쓰며 걸어간다. 존 번연의 천로역정(The Pilgrim's Progress, 天路歷程)이 주는 의미는 무엇일까? 우리 모두가 목적하는 곳을 향해 잘 나아갈 수 있도록 두 손을 꼭 잡은 응원의 박수를 보내고 싶다.

사랑하는 사람들을 마음껏 사랑하지 못하도록 만들어 버리는 것은 무엇일까? 처음 사랑처럼 그렇게 끝까지 사랑하며 살아갈 수 없는 것일까? 변질되어 삐딱해진 자신의 모습을 바로 세워 나가는 노력의 삶이 참다운 인생길을 걷는 것은 아닐까? 성숙한 생의 철학적 의미란 과연 무엇일까? 성장의 길을 걸어야 하는 모든 인생들에게 있어서 성화(聖化)의 답은 언제나 감사로 다가온다.

소중했던 많은 사람들을 만나고 헤어지며 그들의 인생에 관여했던 나 자신은 과연 어떤 사람이었는지? 스스로를 돌아보며 점검하다 드는 생각이 '우리'라는 단어였다. 부족함이 많은 삐딱한 내가 삐딱한 너를 만나, 함께 고민하고 노력하며 서로를 바로 세워나가도록 이끌어 주었던 귀한 만남들이 아니었던가? 만남 하나하나가 그냥 이루어지는 것은 없듯이 우리서로의 인연이 주는 소중한 마음 가득 담아 하나둘 써 내려갔던 원고였다.

이 책은 내게 주는 환갑(還甲) 선물이다. 고단한 인생을 살아왔던 경험과 이론이 바탕이 되어 우리를 살리는 계기가 되었던 것으로 더 많은 사람들을 만나서 해주고 싶은 이야기가 샘물처럼 솟아나고 있다. 솟구쳐오르는 생수의 강이 흘러넘쳐 우리 모두가 바로 세워지는 그 순간을 목적하며 끊임없는 연구와 안아줌은 계속될 것이다.

동탄가정심리상담소 연구실에서 김 여 환

참고문헌

1. 국외저서

Allport, G. Becoming. New Haven: Yale University Press, 1955.

Britton, Ronald. "Sex, Death, and the Super-ego." EXperiences in Psychoanalysis. London: Karnac, 2003.

Brown, Peter. Augustine of Hippo. Los Angeles: University of California Press, 1969.

Frankl, Viktor. Man's Search for Meaning. New York: Simpn and schuster, 1962.

Frederick Conpleston, S. J., A History of Philosophy vol. I. Maryland: The Newman Press, 1960.

Freud, Sigmund. Group Psychology and the Analysis of the Ego, in The Standard Edition of the Complete Psychological Works of Sigmund Freud, vol. XVIII, ed., Strachey. James.London: Hogarth Press, 1973.

Greenberg, Jay R. & Mitchell, Stephen A. Object relations in psychoanalytic theory. Combridge: Harvard University press, 1983.

Hall, M. H. Conversation With Abraham H. Maslow. Psychology Today, 1968.

Jacobson, E. The self the object world. New York: International Universities press, 1964.

Kernberg, Otto F. Borline Conditions and Pathological Narcissism. New York: Jason Aronson INC, 1995.

Kohut, Heinz. How does Analysis Cure? Chicago: University of Chicago Press, 1984.

Mead, George Herbert. The Philosophy of The Art, in C.W. Morris (des.). Chicago: University of Chicago Press, 1938.

Merleau-Ponty, M.. Primacy of Perception. Trans. Jrames M. Edie. Evanston: Northwestern UP, 1964.

Moltmann, Jürgen. The Chruch in the Power of the Spirit. New York: Harper & Row, 1977.

Rogers, C. R. On Becoming a Person: A Therapist's View of Psychotherapy. Boston; Houghton Mifflin, 1961.

Wills, Garry. Saint Augustine. New York: Penguin Group, 1999.

2. 번역저서

Adler, Alfred. 「아들러심리학 입문: 오늘을 살아가는 무기 용기의 심리학」 김문성 역(서울: 스타북스, 2015)

__________. 「마음을 열러주는 아들러의 선물」 윤진상 역. 서울: 스타북스, 2015.

__________. 「행복해지는 관심」 박일귀 역. 서울: 리베르, 2015.

__________. 「인간이해」 라영균 역. 서울: 일빛, 2009.

Augustine, 「성 어거스틴의 고백록」 선한용 역. 서울: 대한기독교서회, 2006.

Baldwin, John D. George Herbert Mead: A Unifying Theory for Sociology. 「미드의 사회심리학: 이론적 발전과 적용」 손장권, 이성식, 전신현 편저. 서울: 일신사, 1994.

Bataille, Georges. 「에로티즘의 역사」 조한경 역. 서울: 민음사, 2007.

Bauer, Gregory P. 「지금-여기에서의 전이분석」 정남운 역. 서울: 학지사, 2007.

Brenner, Charles. M. D. 「정신분석기법과 정신적 갈등」 황익근 역. 서울: 하나의학사, 1993.

Brown, Peter. 「아우구스티누스: 격변의 시대, 영혼의 치유와 참된 행복을 찾아 나선 영원한 구도자」 정기문 역. 서울: 새물결, 2012.

Bunyan, John. 「천로역정」 정승섭 역. 서울: 혜원출판사, 2002.

Calvin, John. 「기독교 강요 상(上)」 김종흡, 신복윤, 이종성, 한철하 역. 서울: 생명의 말씀사, 2003.

__________. 「기독교 강요 중(中)」 김종흡, 신복윤, 이종성, 한철하

역. 서울: 생명의 말씀사, 2003.
Cashdan, Scheldon. 「대상관계치료」 이영희, 고향자, 김해란, 김수형 역. 서울: 학지사, 2007.
Clark, Arthur J. 「방어기제를 다루는 상담기법」 김영애, 김상임 외 역. 서울: 김영애가족치료연구소, 2005.
Colarusso, Calvin A. 「정신분석적 발달이론: 요람에서 무덤까지」 반건호, 정선주 역. 서울: 학지사, 2013.
Collier, Robert. 「기도」 박봉호 역. 경기: 느낌이 있는 책, 2008.
Davis, Madeleine. & Wallbridge, David. 「울타리와 공간」 이재훈 역. 한국심리치료연구소, 1997.
Dozier, Rush W. Jr. 「나는 왜 너를 미워하는가?」 김지연 역. 서울: 사이언스 북스, 2005,
D. W. Winnicott, 「성숙과정과 촉진적 환경」 이재훈 역. 서울: 한국심리치료연구소, 2000.
__________. 「소아의학을 거쳐 정신분석학으로」 이재훈 역. 서울: 한국심리치료연구소, 2011.
__________. 「박탈과 비행」 이재훈, 박경애, 고승자 역. 서울: 한국심리치료연구소, 2001.
__________. 「놀이와 현실」 이재훈 역. 서울: 한국심리치료연구소, 1997.
Erikson, Erik H. 「아동기와 사회: 인간발달 8단계 이론」 윤진, 김인경 역. 서울: 중앙상생출판사, 1995.
Fairbairn, W. Ronald D. 「성격에 관한 정신분석학적 연구」 이재훈 역. 서울: 한국심리치료연구소, 2003.
Fonagy, Peter. 「애착이론과 정신분석」 반건호 역. 경기: 빈센트, 2005.

Frankl, Viktor 「의미를 향한 소리없는 절규」 오승훈 역. 서울: 청아, 2005.

Freud, Sigmund. 「정신분석학의 근본개념」 윤희기, 박찬부 역. 경기: 열린책들, 2003.

__________. 「새로운 정신분석」 임홍빈, 홍혜경 역. 경기: 열린책들, 2003.

__________. 「정신분석학 개요」 박성수, 한승완 역. 경기: 열린책들, 2003.

__________. 「성욕에 관한 세 편의 에세이」 김정일 역. 경기: 열린책들, 2004.

__________. 「정신병리학의 문제들」 황보석 역. 경기: 열린책들, 2003.

__________. 「정신분석의 탄생」 임진수 역. 경기: 열린책들, 2006.

__________. 「정신분석 강의」 임홍빈, 홍혜경 역. 경기: 열린책들, 2008.

__________. 「종교의 기원」 이윤기 역. 경기: 열린책들, 2003.

__________. 「문명속의 불만」 김석희 역. 경기: 열린책들, 2003.

__________. 「일상생활의 정신병리학」 이한우 역. 경기: 열린책들, 2004.

__________. 「억압, 증후 그리고 불안」 황보석 역. 경기: 열린책들, 1998.

Gerkin, Charles Y. 「살아있는 인간문서: 해석학적 목회상담학」 안석모 역. 서울: 한국심리치료연구소, 1998.

Gilligan, Carol. 「기쁨의 탄생」 박상은 역. 서울: 빗살무늬, 2004.

Glasser, William. 「긍정적 중독」 김인자 역. 서울, 한국심리상담연구소, 2003.
Greenberg, Jay R. & Mitchell, Stephen R.「정신분석학적 대상관계」이재훈 역. 서울: 한국심리치료연구소, 1999.
Guinness, Os.「소명」홍병룡 역. 서울: 한국기독교학생회출판부, 2001.
Habermas, Jürgen「의사소통행위이론: 기능주의적 이성 비판을 위하여」장춘익 역. 경기: 나남, 2011.
Harvey, John F.「고백록, 윤리를 말하다:『고백록』과 함께 읽는 아우구스티누스의 윤리」문시영 역. 경기: 북코리아, 2011.
Hegel, Georg Wilhelm Friedrich.「인륜성의 체계」김준수 역. 서울: 울력, 2007.
__________.「예나 시기 정신철학 1803-1804」서정혁 역. 서울: 이제이북스, 2006.
__________.「정신현상학」김양순 역. 서울: 동서문화사, 2012.
Hinshelwood, R. D.「임상적 클라인」이재훈 역. 서울: 한국심리치료연구소, 2006.
Holmes, Jeremy「존 볼비와 애착이론」이경숙 역. 서울: 학지사, 2014.
Horney, Karen.「자기분석」이태승 역. 서울: 민지사, 1995.
Hyppolite, Jean.「헤겔의 정신현상학 I」이종철, 김상환 역. 서울: 문예출판사, 1986.
Kavaler-Adler, Susan.「애도: 대상관계 정신분석의 관점」이재훈 역. 서울: 한국심리치료연구소, 2009.
Kearney, Richard.「이방인, 신, 괴물」이지영 역. 서울: 개마고원, 2004.
Kernberg, Otto F.「경계선 장애와 병리적 나르시시즘」윤순임 외 공역. 서울: 학지사, 2014.

__________. 「내면세계와 외부현실: 대상관계이론과 그 적용」 이재훈 역. 서울: 한국심리치료연구소, 2001.

__________. 「대상관계 이론과 임상적 정신분석」 이재훈, 양은주 공역. 서울: 한국심리치료연구소, 2003.

Kierkegaard, Søren. 「불안의 개념」 임규정 역. 경기: 한길사, 2005.

__________. 「죽음에 이르는 병」 박환덕 역. 서울: 범우사, 1995.

Klein, Melanie. 「아동 정신분석」 이만우 역. 서울: 새물결, 2011.

Kohut, Heinz 「자기의 회복」 이재훈 역. 서울:한국심리치료연구소, 2006.

__________. 「정신분석은 어떻게 치료하는가?」 이재훈 역. 서울: 한국심리치료연구소, 2007.

Kojeve, Alexandre. 「역사와 현실의 변증법」 설헌영 역. 서울: 한벗, 1988.

Kristeva, Julia. 「정신병, 모친살해, 그리고 창조성: 멜라니 클라인」 박선영 역. 서울: 아난케, 2006.

__________. 「검은태양: 우울증과 멜랑콜리」 김인환 역. 서울: 동문선, 2004.

Langer, Walter C. 「히틀러의 정신분석」 최종배 역. 서울: 솔, 1999.

Leader, Darian &Corfield, David. 「우리는 왜 아플까: 몸과 마음의 관계로 읽는 질병의 심리학」 배성민 역. 경기: 동녘사이언스, 2011.

Leith, John H. 「칼빈의 삶의 신학」 이용원 역. 서울: 한국장로교출판사, 1996.

Leon S. Saul, 「아동기 감정양식과 성숙」 천성문 외 역. 서울: 시그마프레스, 2007.

Mahler, Margaret S. & Pine, Fred. & Bergman, Anni. 「유아의 심리적 탄생: 공생과 개별화」 이재훈 역. 서울: 한국심리치료연구소, 1997.

Masterson, James F. 「참자기」 임혜련 역. 서울: 한국심리치료연구소, 2000.

Maslow, Abraham H. 「존재의 심리학」 정태연, 노현정 역. 서울: 문예출판사, 2004.

__________. 「인간의 동기와 성격」 조대봉 역. 서울: 교육과학사, 1992.

May, Rollo. 「창조와 용기」 안병무 역. 서울: 범우사, 1999.

McGraw, Phillip C. 「자아」 장석훈 역. 서울: 청림출판, 2002.

Mead, George Herbert. 「정신. 자아. 사회: 사회적 행동주의자가 분석하는 개인과 사회」 나은영 역. 서울: 한길사, 2005.

Meissner, W. W. 「편집증과 심리치료」 이재훈 역. 서울: 한국심리치료연구소, 2003.

Mitchel, S. A. & Black, M. J. 「프로이트 이후」 이재훈 역. 서울: 한국심리치료연구소, 2002.

Moltmann, Jürgen. 「희망은 어디서 오는가」 이신건 역. 서울: 한들, 2004.

__________. 「몰트만 자서전」 이신건, 이석규, 박영식 공역. 서울: 대학기독교서회, 2011.

__________. 「희망의 신학」 이신건 역. 서울: 대한기독교서회, 2013.

__________. 「오늘 우리에게 그리스도는 누구신가?」 이신건 역. 서울: 대한기독교서회, 1997.

__________. 「오시는 하나님: 기독교적 종말론」 김균진 역. 서울: 대

한기독교서회, 1998.
Niesel, Wilhelm. 「칼빈의 신학」 이종 역. 서울: 대한기독교서회, 1993.
Pert, Candace B. 「감정의 분자: 심신의학을 넘어선 과학」 김미선 역. 서울: 시스테마, 2009.
Polkinghorne, John. 「진리를 찾아서」 이정배 역. 서울: 도서출판 KMC, 2003.
___________. 「오르가즘의 기능: 도덕적 엄숙주의에 대한 오르가즘적 처방」 윤수종 역. 서울: 그린비, 2005.
___________. 「성혁명」 윤수종 역. 서울: 중원문화, 2013.
Ricoeur, Paul. 「악의 상징」 양명수 역. 서울: 문학과 지성사, 2006.
___________. 「해석의 갈등」 양명수 역. 경기: 한길사, 2012.
Sapolsky, Robert M. 「스트레스: 당신을 병들게 하는 스트레스의 모든 것」 이재담, 이지윤 역. 사이언스북스, 2011.
Satir, Virginia. 「아름다운 가족」 나경범 역. 서울: 창조문화, 2006.
Schrag, Cavin O. 「탈근대적 자아를 넘어서」 문정복, 김영필 역. 울산: 울산대학교출판부, 1999.
Schultz, Duance. 「성장심리학」 이혜성 역. 서울: 이화여자대학교출판부, 2012.
Segal, Hanna. 「멜라니 클라인: 멜라니 클라인의 정신분석학」 이재훈 역. 서울: 한국심리치료연구소, 1999.
Sharaf, Myron. 「빌헬름 라이히: 세상에 대한 분노」 이미선 역. 서울: 양문, 2005.
Siegel, Allen M. 「하인즈 코헛과 자기 심리학」 권명수 역. 서울: 한국심리치료연구소, 2002.
Stanley, Charles. 「용서」 민혜경 역. 서울: 두란노, 2005.

Stott, John Robert Walmsley. 「기독교의 기본진리」 황을호 역. 서울: 생명의 말씀사.

Summers, F. L. 「대상관계 이론과 정신병리학」 이재훈 역. 서울: 한국심리치료연구소, 2004.

Walker, Williston. 「기독교교회사」 제4판, 송인설 역. 서울: 크리스챤다이제스트, 1993.

Wallace, Ronald S. 「칼빈의 기독교생활 원리」 나용화 역. 서울: 기독교문서선교회, 1996.

Wendel, François. 「칼빈의 신학서론」 한국칼빈주의연구원 역. 서울: 기독교문화사, 1997.

Wingren, Gustaf. 「크리스챤의 소명」 맹용길 역. 서울: 컨콜디아사, 1975.

3. 국내저서

김병훈 「정신분석과 성서이해」 천안: 호서대학교출판부, 2011.

김병훈 「현대정신분석의 임상기법」 서울: 다세움, 2009.

선한용 「성 어거스틴에 있어서 시간과 영원」 서울: 성광문화사, 1994.

유지황 「어거스틴의 신학사상 이해」 서울: 땅에쓰신글씨, 1993.

임석진 「헤겔의 노동의 개념」 서울: 지식산업사, 1990.

채영삼 "신약의 자기 부인의 영성과 칼빈의 이해" 「칼빈과 영성」 부산: 개혁주의학술원, 2010.

4. 학위논문

김여환 "긴장에너지의 창조적 역학을 통한 자기성장에 관한 연구" 박사학위논문, 호서대학교, 2016.

민난희 " '몸'과 '정신'의 상호주관에 대한 철학적. 정신분석학적 고찰." 박사학위논문, 호서대학교, 2013.

박상학 "하인즈 코핫 정신분석의 관점에서 본 창조적 삶에 대한 연구: 교회 공동체의 정신적 산소의 경험을 중심으로." 박사학위논문, 호서대학교, 2007.

박선영 "멜라니 클라인의 아동정신분석." 박사학위논문, 이화여자대학교 대학원, 2003.

박형윤 "두개주변압통과 관련된 긴장성 두통과 측두하악장애에 기인한 두통과의 RDC/TMD Axis II에 따른 비교." 박사학위논문, 경희대학교, 2010.

이상호 "고통의 의미와 극복에 관한 정신분석학적 연구." 박사학위논문, 호서대학교 대학원, 2015.

최영란 "과활동성 아동이 부모의 역할긴장 역할수행능력, 가족체계 유형 지각에 미치는 영향." 박사학위논문, 경북대학교, 1993.

저자약력

김 여 환

- 광운대학교 정보복지대학원 심리치료학 석사
- 호서대학교 연합신학대학원 목회상담학 석사(Th.M.)
- 호서대학교 연합신학대학원 목회상담학 박사(Ph.D.)
- 호서대학교 연합신학대학원 목회상담학과 임상패널교수
- 정신분석상담학회 이사
- 분당 샘물교회 담임
- 동탄 행복이가득한교회 담임
- 현) 치유회복성장연구소 대표
- 현) 동탄가정심리상담소 소장

논문

- 박사논문 "긴장에너지의 창조적 역학을 통한 자기성장에 관한 연구"
- 석사논문 "가정폭력에 관한 정신분석학적 연구"
  「정신분석과 상담」 학회지에 실린 논문
- "긴장방출에 관한 정신분석학적 연구" – 프로이트 관점 –
- "긴장방출에 관한 정신분석학적 연구" – 멜라니 클라인 관점 –
- "긴장방출에 관한 정신분석학적 연구" – 위니캇 관점 –
- "긴장방출에 관한 정신분석학적 연구" – 페어베언 관점 –
- "긴장방출에 관한 정신분석학적 연구" – 하인즈 코핫 관점 –

빼딱한 성장 결혼 바로 세우기

초판인쇄일	2018년 12월 19일
초판발행일	2018년 12월 24일
지 은 이	김 여 환
펴 낸 이	소 정 영
펴 낸 곳	하나醫學社
주 소	서울특별시 서대문구 거북골로 7-7 하나빌딩 1층
출판등록	제25100-2013-000061호(1988. 4.1)
전 화	(02)730-2555, 2556
팩 스	(02)730-2557
이 메 일	hanampc1@naver.com
홈페이지	www.hanampc.co.kr

정가 13,000원

ISBN 979-11-85696-66-9 03180